HOY SUFRO
pero algo está haciendo DIOS

JUAN DIEGO LLANOS

HOY SUFRO
pero algo está haciendo DIOS

Basado en la historia de José, hijo de Jacob

HOY SUFRO PERO ALGO ESTÁ HACIENDO DIOS
Edición en español publicada por
Juan Diego Llanos - 2013
Bogotá, Colombia

Primera edición 2013

© 2012 por Juan Diego Llanos

Fotografía y diseño: Aned Forero
Diagramación: Nórida Ramírez

RESERVADOS TODOS LOS DERECHOS. EL TEXTO BÍBLICO SE TOMÓ DE LA VERSIÓN REINA-VALERA © 1960 SOCIEDADES BÍBLICAS EN AMÉRICA LATINA; © 1988 RENOVADO SOCIEDADES BÍBLICAS UNIDAS. UTILIZADO CON PERMISO.

ISBN: 978-958-46-2155-9

Categoría: Vida cristiana/Crecimiento

IMPRESO POR CREATESPACE
PRINTED BY CREATESPACE

CONTENIDO

Dedicatoria	7
Agradecimientos	9
Introducción	11

1. En qué soy formado — 13
Conociendo en qué me forma Dios	15
¿Qué obtendré si me dejo formar?	21
Y si no me dejo formar ¿qué pasa?	23
La formación de Dios incluso para reyes	25
Un destino pero diferentes caminos	30
Propósito de Dios al formarme	36

2. El defecto que debo cambiar — 39
¿De dónde viene mi defecto?	41
Conociendo la cara de mi defecto	46
Origen de mis pruebas y bendiciones	49
El reflejo de mi defecto	52
Más manifestaciones de mi defecto	56
¿Dios está conmigo si soy imperfecto?	67

3. La cura de mi mal — 73
Una prueba que va y vuelve	75
Defraudado aun por mis seres queridos	78
De príncipe a esclavo	80

Mis justas razones no son escuchadas	82
Preso de la injusticia	85

4. El momento de mi exaltación — 93

¿De dónde proviene la exaltación?	95
¿Quién y cuándo es exaltado?	97
Ya había perdido todas mis esperanzas	99
Hay un mejor plan para mi vida	103

5. Demostrando mi cambio — 109

Formado a prueba de humillación	111
Formado a prueba de exaltación	115
Pruebas superadas y sueños cumplidos	119
Hay bendición para todos	124
Se requiere de mí una pronta decisión	127

6. Mi propósito cumplido — 133

El plan es perfecto y todo saldrá bien	135
El dolor de la formación	142
Mi vida en servicio es un deseo de Dios	149
La lucha continúa	154
La lucha termina con mi último suspiro	159

Lista de reproducción	167
Acerca del autor	169

DEDICATORIA

Para Jesucristo, mi Dios. Centro de mi admiración, mi gran tesoro, mi amor sobre todo.

AGRADECIMIENTOS

A mi Señor Jesucristo; pues todo es suyo, y de lo recibido de su mano le doy.

A mi familia, en especial a mis padres, hermanos y sobrinos; son un escudo de amor que me rodea, y mi felicidad depende en gran manera de la suya.

A mi familia de fe; instrumentos, apoyo y consuelo en mi proceso de formación cristiana.

A mi hermano, el pastor Andrés Llanos, y a mi hermana de fe, Wendy Pinedo; por su tiempo y sus consejos de oro para este libro.

A mi sobrino, Juan José Fernández; alegría y amor para mi vida. Fuente de inspiración para ver que los adultos mucho tenemos de niños.

Al gran equipo que Dios me prestó para este proyecto: Valentina Ojeda, mi modelo favorita; Aned Forero, fotógrafa y diseñadora de sueños; Nórida Ramírez, diseñadora y genio de tiempo completo; Darío Melo, apoyo y creatividad constantes; y muchos más, nunca menos importantes.

A José, hijo de Jacob, por su gran legado y ejemplo para todos los que hoy sufrimos con esperanza.

A todos, gracias por ser parte de este proyecto y de la formación que Dios me da.

INTRODUCCIÓN

Sentada y pensativa en uno de sus lugares favoritos, el columpio que pende del árbol del jardín de su casa, veo a Juana Valentina mientras recuerdo la escena que precede a ésta, en circunstancias totalmente contrarias a la paz y el silencio que ahora veo y escucho.

Los ojos encharcados de la pequeña miraban hacia su padre, quien con mirada tierna le animaba a confiar; mientras sus oídos, aturdidos por su propio llanto, percibían de él palabras, que entonces carecían de todo sentido, que le afirmaban que "lo que sucedía era para su bien, a pesar de que le doliera y no lo pudiera comprender". Aterrada y adolorida, Juana Valentina lloraba sin entender cómo su propio padre, no sólo permitía que una extraña mujer vestida de blanco pinchara su brazo con una terrible aguja, sino que también ayudaba para que esto sucediera.

La mirada de la pequeña, entonces, fue para mí un espejo en el que se reflejó mi rostro cuando sufro; y su dolor e incomprensión frente a su padre, fueron los mismos míos frente a Dios cuando pregunto por las razones que existen para que Él, amándome tanto, permita mi sufrimiento.

Lo que vivía Juana Valentina era parte de un buen propósito de papá y, aunque esto no se veía claramente desde la posición de ella, sí era claro desde la posición de su padre... y desde la mía. Contrario a lo que veía la pequeña, yo veía a un buen padre, cuidando el presente y el futuro de su hija, incluso a costa del dolor y la incomprensión de ella, quien no sabía que la dolorosa inyección de hoy era parte de un mañana lleno de salud y bienestar.

De la misma manera que el padre de Juana Valentina, a pesar de nuestra incomprensión y a veces de nuestra desconfianza, Dios no deja de obrar con buenos propósitos hacia nosotros, y a Él jamás le han faltado buenas intenciones y buenos planes para su creación, a pesar de que muchas de sus criaturas deciden darle la espalda. Sin embargo, el cumplimiento de los buenos propósitos de Dios requiere una formación previa de algunas áreas de nuestra personalidad, para alinearnos con su voluntad, y esto a su vez significa algo de sufrimiento para nosotros.

Dios quiere hacer algo grande con nuestras vidas, y hoy sufrimos un proceso de formación que Él quiere usar para cumplir su propósito… si se lo permitimos. Este proceso nos ayudará para bien si nos acogemos a la voluntad de nuestro Creador, y puede ser más fácil y más corto si comprendemos de qué se trata y si tomamos las decisiones correctas.

¿Por qué sufrimos? ¿Nos dejó Dios? ¿Qué hace Dios mientras sufrimos? ¿Qué debemos hacer nosotros? ¿Cuál es la cura para nuestro sufrimiento? ¿Terminará el sufrimiento? ¿Todo saldrá bien? ¿Cómo terminará nuestra historia?

Bienvenidos al tiempo de las respuestas para aquellas preguntas que hemos hecho acerca del sufrimiento; bienvenidos a una de las historias más apasionantes del antiguo testamento, la historia de José.

Me pregunto:

Por qué Dios permite que sufra? ¿De qué sirve sufrir? ¿Por qué a mí? ¿Algún atajo para llegar al final del sufrimiento?

Un versículo para recordar:

"Hijitos míos, por quienes vuelvo a sufrir dolores de parto, hasta que Cristo sea formado en vosotros

Gálatas 4.19.

Como ya dije en la introducción, nuestro sufrimiento de hoy se debe a que Dios nos está pasando por un proceso de formación, para cumplir un buen propósito en nosotros; así que, sin más preámbulos, comencemos por descubrir de qué se trata esto de *la formación*.

Conocer aquello que Dios quiere formar en nosotros, es uno de los principales pasos a dar para superar, e incluso acortar, nuestro proceso de formación, y por tanto nuestro sufrimiento. Muchas veces sólo llegamos a saber qué era lo que Dios estaba formando en nosotros cuando el proceso de formación ha llegado a su final pero, si logramos saberlo de antemano, el tiempo requerido para nuestra formación puede llegar a ser más corto.

Un camino lleno de bendición nos espera al permitir la formación de Dios en nuestras vidas, pero uno lleno de tristeza si nos resistimos a ser formados. La formación es para todos, y nuestro sufrimiento no se trata de que Dios se haya empeñado en hacernos sufrir, sino de que tiene un gran propósito con nosotros.

Conociendo en qué me forma Dios

Ante mi mirada asombrada, el pequeño Juan Martín, de unos tres años de edad, se abalanza sonriente y sin temores entre los brazos de su padre, a una altura que supera en dos o tres veces su propia estatura.

Admirado, pienso en cuán grande confianza deposita aquel pequeño, que parece no reflexionar acerca del peligro que corre su vida en estos momentos, ya que si fallaran los brazos de papá las consecuencias serían fatales.

Sin embargo, ahí está él; confiado en la fuerza de su héroe favorito, pensando con tranquilidad que su vida está a salvo porque papi está en control y todo saldrá bien.

> Cuando tenemos claro el destino nos resulta más fácil caminar en la dirección correcta.

Viendo a Juan Martín, encuentro que todo parece más fácil a través de la mirada de los niños, quienes no cuestionan a sus padres acerca de sus capacidades y afirmaciones; simplemente creen en ellos y les entregan toda su confianza.

Todo es más sencillo cuando somos pequeños: papá es nuestro súper héroe, y todos los que nos rodean son nuestros compañeros de juegos y alegrías. Sin embargo, cuando crecemos y nos entendemos *tan capaces y autosuficientes*, todo cambia de sentido, y a nuestro parecer ya nadie es tan digno de confianza e importante como nosotros mismos... ni siquiera papá; porque la experiencia, que viene con los años, nos trae la posibilidad de aprender buenas y necesarias enseñanzas, pero también otras que no son tan buenas, como la autosuficiencia.

El paso del tiempo nos trae la oportunidad de identificar y conocer lo que Dios nos quiere enseñar cuando nos pasa por un proceso de formación, y si la aprovechamos estaremos dando un paso esencial para superar las pruebas que vivimos. Cuando tenemos claro el destino nos resulta más fácil caminar en la dirección correcta, por lo cual se requiere de toda nuestra diligencia para conocer aquellos aspectos que en nosotros están *defectuosos*, y comprender con lujo de detalles qué es lo que Dios quiere poner en lugar de tales defectos. En cuanto a José, hijo de Jacob, personaje central de este libro, Dios quería poner en lugar de su orgullo un corazón humilde... ¡Cómo! ¿Orgullo en José?

Aunque algunas personas creen lo contrario, no es extraño pensar que en la vida de José hubiera un orgullo por cambiar, y esto se hace más comprensible al considerar que él era un hombre sujeto a pasiones semejantes a las nuestras, como declara Santiago 5.17; que el Dios de toda justicia permitió que sufriera muchas experiencias humillantes e *injustas* desde el punto de vista humano, como la esclavitud y la cárcel; y que el Dios que lo dejó sufrir, jamás carece de un propósito bueno y claro en todo lo que hace y permite.

Dios no hubiera permitido todas las humillaciones que

vivió José si éstas no hubieran sido necesarias y buenas para él de alguna manera, por lo cual es completamente sensato pensar que el hijo de Jacob estaba pasando por un proceso de formación, que se daba para que recibiera una humildad de la cual carecía, y que Dios le daría valiéndose de situaciones humillantes pues, finalmente, ¿quién necesita más ser humillado que un orgulloso? y ¿qué mejor antídoto para la falta de humildad, que la humillación?

Ya detallaremos sobre el orgullo de José en capítulos posteriores, pero continuaremos en este sentido. Comenzaremos por hablar un poco de esa gran virtud que necesitaba el hijo de Jacob en su vida, llamada humildad, que es medida de manera equivocada por algunos con la cantidad de bienes materiales que se poseen, o con la posición que se tiene en medio de una sociedad. En la medida que avancemos, encontraremos también las respuestas que hoy anhelamos nosotros; por lo cual invito a que miremos *con paciencia y total atención* la historia de José, que nos habla desde un pasado lejano para responder.

La mejor definición de humildad la encontramos en el evangelio según san Mateo, en el capítulo 22 y versículos 37 al 39: *"Jesús le dijo:* **Amarás al Señor tu Dios con todo tu corazón, y con toda tu alma, y con toda tu mente. Este es el primero y grande mandamiento. Y el segundo es semejante: Amarás a tu prójimo como a ti mismo"**; porque la humildad consiste en la posición que damos en nuestro corazón a Dios, a nuestro prójimo y a nosotros mismos; y a partir de ésta se originan muchas de nuestras acciones y omisiones frente a los demás, incluso frente a Dios.

La humildad frente a Dios hace que sepamos que estamos debajo de Él, reconociéndole como *el Altísimo*; y una de las principales muestras de humildad hacia nuestros superiores es la obediencia, por lo cual la humildad frente al Creador consiste en gran manera en lo obedientes que somos hacia sus palabras. El Faraón en tiempos de Moisés fue soberbio, rehusando obedecer a la voz del Señor que le pedía dejar salir a Israel de Egipto, y finalmente sufrió grandes pérdidas sin lograr escapar del cumplimiento de la orden emitida (Éxodo 10.3: *"Entonces vinieron Moisés y Aarón a Faraón, y le dijeron: Jehová el Dios de los hebreos ha dicho así: ¿Hasta cuándo no querrás humillarte delante de mí? Deja ir a mi pueblo, para que me sirva"*).

La humildad del ser humano hacia Dios implica creer como verdad absoluta la suma de sus palabras, poniéndolo por encima de todo, y confiar en que sus mandamientos y promesas son rectos y que no hay ningún mal en ellos. El escritor del salmo 119, de manera humilde ante el Creador hizo esto, reconociendo que por encima de sus momentos difíciles y aunque no entendía muchas cosas que le acontecían, la palabra que su Dios le había hablado era verdadera, como vemos en Salmos 119.128: *"Por eso estimé rectos todos tus mandamientos sobre todas las cosas, Y aborrecí todo camino de mentira"*.

> *En contra de la idea de tener un Dios alejado y desinteresado de nosotros, vemos que Él es en verdad cercano.*

En medio de la dificultad, el ser humano se puede ver tentado a renegar de Dios, poniendo en duda lo que Él dice por medio de su Palabra, incluso dudando de su amor hacia la raza humana. Así, encontramos a personas que con amargura cuestionan al Señor por medio de frases como: *"¿Si Dios es bueno, por qué permite que la gente padezca hambre o muera?"*; preguntas que se plantean no porque tengan la intención de obtener una respuesta, sino por un claro deseo de quejarse.

La humildad ante el Creador implica acciones que evidencien nuestra dependencia de Él, tales como orar, buscar su presencia y convertirse de los malos caminos (2 Crónicas 7.14: *"si se humillare mi pueblo, sobre el cual mi nombre es invocado, y oraren, y buscaren mi rostro, y se convirtieren de sus malos caminos; entonces yo oiré desde los cielos, y perdonaré sus pecados, y sanaré su tierra"*); por lo cual, no es posible pensar que seamos humildes ante Dios si no tenemos en nuestro plan de vida momentos para dedicarle a Él en actividades tales como la oración y la lectura de su Palabra, o mientras persistimos en andar por caminos contrarios a su voluntad.

En contra de la idea de tener un Dios alejado y desinteresado de nosotros, vemos que Él es en verdad cercano y que no estamos siguiendo la enseñanza de un Padre que no nos haya hablado por medio de su ejemplo, pues obediencia y humildad nos ha enseñado al manifestarse en carne por medio de Jesucristo para nuestra salvación (1 Timoteo 3.16).

Y es que, en verdad, el Señor ha sido humilde para con aquellos que en algún momento de la vida le hemos dado la espalda, y nada hay de mayor fealdad que permanecer en altivez frente a aquel que es humilde con nosotros. Es por eso que rechazar el evangelio de la salvación es un acto soberbio, que consiste básicamente en rechazar a quien se humilla para entregarnos su bendición.

Por otro lado, la humildad frente a nuestro prójimo hace que entendamos que su valor como ser humano no está ni por encima ni por debajo del nuestro, sino en condición de igualdad; por lo cual debemos *"amarle como a nosotros mismos"*. Es verdad que el apóstol Pablo nos insta en su carta a los filipenses a *"estimar a los demás como superiores"*, pero evidentemente no se refiere a que debamos tener una baja autoestima amándonos menos que a ellos, sino a que mantengamos la armonía entre los hermanos respetándolos *como* si estuvieran en una posición de *autoridad* superior a la nuestra (Filipenses 2.3: **"Nada hagáis por contienda o por vanagloria; antes bien con humildad, estimando cada uno a los demás como superiores a él mismo"**).

La humildad va en contra de autocalificarnos como más sabios que otros, pues esto impide que estemos en armonía con nuestro prójimo y es señal de altivez en nuestros corazones (Romanos 12.16: *"Unánimes entre vosotros; no altivos, sino **asociándoos con los humildes**. No seáis sabios en vuestra propia opinión"*).

Dios nos pide ser humildes con los otros, y la verdadera muestra de que estamos practicando este mandamiento se da a través del perdón, la convivencia y la sujeción hacia los demás; como nos enseña la Biblia, por medio de Colosenses 3.12-13: *"Vestíos, pues, como escogidos de Dios, santos y amados, de entrañable misericordia, de benignidad, **de humildad,** de mansedumbre, de paciencia; **soportándoos unos a otros, y perdonándoos unos a otros** si alguno tuviere queja contra otro. De la manera que Cristo os perdonó, así también hacedlo vosotros".*

La humillación y la exaltación son posiciones eventualmente relativas, pues mientras que en medio de una misma situación quedamos humillados ante algunos, a la vez podemos ser honorables ante otros. El rey David vivió algo de esto, pues mientras era menospreciado a los ojos de su esposa Mical por danzar frente a Jehová su Dios al traer el arca del pacto, era honrado y exaltado a los ojos del pueblo de Israel (2 Samuel 6.22: *"Y aun me haré más vil que esta vez, y seré bajo a tus ojos; pero seré honrado delante de las criadas de quienes has hablado"*). Lo realmente importante en estos casos es que nuestra exaltación sea según el propósito de Dios, y no según el deseo de los hombres; como decidió hacer David al preferir ser exaltado por su Creador y por los humildes de corazón, antes que complacer a su propia esposa para ser exaltado por ella.

> *Algo difícil de entender para nosotros, en lo cual muchos desmayan, es que el fruto tarda algún tiempo en ser cosechado.*

La humildad siempre será mejor que la soberbia, pues la primera tiene recompensa de parte de Dios, mientras que la segunda llama el castigo tarde o temprano. Sin embargo, una de las cosas más difíciles de entender para nosotros, en la cual muchos desmayan, es que el fruto de la humildad puede tardar algún tiempo en ser cosechado, y nos será necesaria la paciencia. No obstante, tenemos como prenda de garantía saber que es Dios el encargado de exaltar y es quien define el tiempo indicado para hacerlo, por lo cual sabemos que lo anhelado nos acontecerá en el mejor momento; aunque por ahora nos sea necesario acompañar la humildad con la paciencia. Al respecto, 1 Pedro 5.6 dice: *"Humillaos, pues, bajo la poderosa mano de Dios, para que él os exalte cuando fuere tiempo"*.

¿Qué obtendré si me dejo formar?

Alguien dijo por ahí que "la diferencia que existe entre un padre que no logra que su hijo tome su sopa de verduras y el que sí lo hace, es que el último sabe dónde queda la tienda de helados más cercana y se lo comunica a su pequeño".

Es maravilloso ver el poder de negociación que posee un padre que tiene a mano un delicioso helado de vainilla y sabe ofrecerlo a su hijo por hacer algo bien hecho, como recompensa. El padre logra su objetivo, y el niño también al verse recompensado. Aunque estamos de acuerdo en que no siempre la enseñanza hacia el hijo debe ser cobrar un premio cuando haga lo correcto, sin duda el incentivo es de gran utilidad y conveniencia en muchas situaciones, especialmente si se trata de tomar una terrible sopa de verduras que en nada se parece a una chocolatina o a un helado.

Es una grandiosa noticia que la Palabra de Dios nos prometa gran cantidad de beneficios si decidimos dejarnos formar por Él, y que su voz nos anuncie que su obra en nosotros no se trata de un sufrir sin esperanza.

Conocer lo que nos espera al dejarnos formar por la mano de Dios, nos será una gran motivación para soportar el dolor de la formación; y necesitamos ser diligentes para recibir este conocimiento por medio de su Palabra. En el caso de José, Dios le tenía preparadas promesas maravillosas al caminar por

Dios nos promete gran cantidad de beneficios si nos dejamos formar por Él.

el camino de la humildad, que es en realidad un camino que el Creador quiere que todos transitemos y que nos será necesario en nuestro proceso de formación, sea cual sea el aspecto en el que Dios nos forma.

Cuando las cosas no salgan como deseamos, cuando en lugar de la caricia y el aroma de la rosa recibamos la herida y el dolor que ofrecen sus espinas, nos será necesario recordar que detrás de la humildad que usemos vendrán todas las bendiciones que Dios nos ha prometido; pues, el que se humilla a la voluntad de Dios está destinado irrevocablemente a exaltación, riquezas, vida, cuidado, hermosura, salvación, sabiduría, honra, atención, buenos planes y dirección de parte de Dios.

Estos son algunos de los principales beneficios que recibiremos al actuar con humildad:

Exaltación de parte de Dios: Santiago 4.10: *"Humillaos delante del Señor, y él os exaltará"*.

Riquezas, honra y vida: Proverbios 22.4: *"Riquezas, honra y vida son la remuneración de la humildad y del temor de Jehová"*.

Dirección de parte de Dios: Salmos 25.9: *"Encaminará a los humildes por el juicio, Y enseñará a los mansos su carrera"*.

Atención de parte de Dios: Salmos 138.6: *"Porque Jehová es excelso, y atiende al humilde, Mas al altivo mira de lejos"*.

Hermosura y salvación: Salmos 149.4: *"Porque Jehová tiene contentamiento en su pueblo; Hermoseará a los humildes con la salvación"*.

Gracia de parte del Señor: Proverbios 3.34: *"Ciertamente él escarnecerá a los escarnecedores, Y a los humildes dará gracia"*.

Sabiduría: Proverbios 11.2: *"Cuando viene la soberbia, viene también la deshonra; Mas con los humildes está la sabiduría"*.

La humildad tiene el poder de detener el mal que se

aproxima a nuestras vidas: 2 Crónicas 32.26: *"Pero Ezequías, después de haberse enaltecido su corazón, se humilló, él y los moradores de Jerusalén; y no vino sobre ellos la ira de Jehová en los días de Ezequías".*

Alegría: Isaías 29.19: *"Entonces los humildes crecerán en alegría en Jehová, y aun los más pobres de los hombres se gozarán en el Santo de Israel".*

Compañía de Dios: Isaías 57.15: *"Porque así dijo el Alto y Sublime, el que habita la eternidad, y cuyo nombre es el Santo: Yo habito en la altura y la santidad, y con el quebrantado y humilde de espíritu, para hacer vivir el espíritu de los humildes, y para vivificar el corazón de los quebrantados".*

Permanencia dentro del pueblo de Dios: Sofonías 3.12: *"Y dejaré en medio de ti un pueblo humilde y pobre, el cual confiará en el nombre de Jehová".*

Consuelo de parte de Dios: 2 Corintios 7.6: *"Pero Dios, que consuela a los humildes, nos consoló con la venida de Tito".*

Estos son algunos favores que encontraría José al caminar por el camino de la humildad y, de la misma manera que éstos existen, hay también un listado de maravillosas bendiciones que Dios nos tiene preparadas al caminar la senda que nos propone por medio de su proceso de formación. Dichas bendiciones las podemos encontrar al buscar en la Palabra de Dios, por lo cual al ser formados nos será de gran utilidad leer y escuchar la Biblia.

Y si no me dejo formar ¿qué pasa?

Los adultos nos parecemos mucho a los niños en algo, y es en que siempre queremos escuchar acerca de premios y felicitaciones pero nunca de castigos. Ah, qué bueno es escuchar sólo buenas noticias y parar allí, y ya muchos quisieran que Deuteronomio 28 sólo tuviera los primeros quince versículos, los de la bendición; dejando de lado las consecuencias de nuestro mal proceder.

Sin embargo, Dios es bueno para con nosotros y nos advierte sobre las consecuencias de hacer lo indebido; con un amor similar, pero superior, a aquel que pude ver el otro día en la madre del pequeño Juan Jerónimo, al enseñarle que de no tomar su sopa de verduras, no sólo perdería un delicioso helado que esperando estaba por él, sino que además recibiría el justo castigo por su desobediencia.

Dios nos enseña que hay diferentes caminos a seguir y, con su insuperable amor, nos muestra los resultados que trae consigo cada uno de ellos, con el fin de que nuestra decisión al respecto sea tomada con todo conocimiento acerca de lo que nos espera; lo cual hace el Creador obrando de manera totalmente opuesta al enemigo de nuestras almas, quien oculta las nefastas consecuencias de sus ofertas, y no declara que lo más seguro es que *al final perderemos también aquello con lo cual quiere convencernos de fallar a Dios.*

> *Dios nos enseña que hay diferentes caminos a seguir, y nos muestra los resultados que trae consigo cada uno de ellos.*

Centrándonos de nuevo en el caso particular de José, si bien es cierto que la Biblia habla de los beneficios de ser humilde, también observamos pasajes que nos muestran lo que Dios piensa acerca de la soberbia y cuáles son sus consecuencias. A continuación presento algunos de los principales resultados de dejar de lado la humildad, para que entendamos que ser soberbios definitivamente no puede ser una alternativa para nosotros:

La soberbia está puesta al mismo nivel de la arrogancia, el mal camino y la boca perversa: Proverbios 8.13: *"El temor de Jehová es aborrecer el mal; La soberbia y la arrogancia, el mal camino, Y la boca perversa, aborrezco".*

La soberbia acarrea deshonra: Proverbios 11.2: *"Cuando viene la soberbia, viene también la deshonra; Mas con* *los humildes está la sabiduría".*

La soberbia produce discordias: Proverbios 13.10: *"Ciertamente la soberbia concebirá contienda; Mas con los avisados está la sabiduría".*

La soberbia es de necios, y el necio habla necedades que son vara para castigarse a sí mismo: Proverbios 14.3: *"En la boca del necio está la vara de la soberbia; Mas los labios de los sabios los guardarán".*

La soberbia trae quebranto, y la altivez hace caer: Proverbios 16.18: *"Antes del quebrantamiento es la soberbia, Y antes de la caída la altivez de espíritu".*

Así, del mismo modo que el camino propuesto por Dios produce frutos buenos y deseables para nosotros, la senda de la soberbia inevitablemente hará recoger a quienes la transitan resultados amargos e indeseables en gran manera. Es por esto que, así como nos conviene conocer las bendiciones que nos esperan al ser formados, nos será de gran utilidad conocer acerca de las consecuencias que nos traería perseverar en un mal proceder; con el fin de que esto nos provea de más razones para entender que la formación de Dios es nuestra mejor alternativa, con todo y lo dura que pueda llegar a ser para nosotros en el tiempo presente.

La formación de Dios incluso para reyes

Mientras me encuentro en casa, en medio de mis quehaceres diarios, llega a mis oídos un llanto que anuncia que algo no está bien: el lloro del pequeño Juan Jerónimo indica que está recibiendo la corrección necesaria para su aprendizaje. Esto sucede al tiempo que el resto de la familia, entre quienes se encuentran los abuelos del pequeño que están de visita, discuten acerca de la eventual injusticia que estaría cometiendo la madre de Juan para con su hijo, porque al parecer de algunos de ellos el castigo era innecesario.

Ah, cuán fácil nos resulta decidir acerca de la crianza de los hijos de los demás, y cuán difícil es presenciar este tipo de escenas si quien está siendo corregido es alguien que amamos; cuánto más duro es si quien presencia el castigo es un abuelo (porque no en vano los abuelos son considerados por muchos como alcahuetas, por causa de su amor y permisos en ocasiones ilimitados para con sus nietos).

Sin embargo, la sabiduría nos llama a entender que el buen padre no dejará sin corrección a su hijo, **aunque esto implique dolor y lágrimas temporalmente para el pequeño e incluso el disgusto de quienes observan el castigo; pues dicha corrección luego traerá frutos de justicia, para quien ha sido ejercitado en el camino del bien por medio de la corrección, y también para quienes le rodean.**

La formación de Dios es algo que todos necesitamos de una u otra manera en algún aspecto de nuestra vida, y no depende de factores como nuestra posición económica o de si tenemos algún tipo de liderazgo dentro de la iglesia; tampoco debemos pensar que al ser formados nos sucede algo anormal, o pensar que lo que nos pasa es porque Dios se ha ensañado con nosotros o no nos ha perdonado algo del pasado.

Respecto de la humildad, aspecto en el cual era formado José, en la Biblia encontramos un gran ejemplo de corrección al orgullo humano, en el libro del profeta Daniel, puntualmente en la historia del famoso rey Nabucodonosor, al cual le costó gran precio reconocer el gobierno de Dios sobre su vida. Y es que, Dios da el reino a los humildes, y la humillación viene para que los hombres reconozcan su condición y piensen en Dios y su grandeza y que es Él quien da dominio a los reyes según su beneplácito (Daniel 4.17: *"La sentencia es por decreto de los vigilantes, y por dicho de los*

> *Ser formados es normal, y no se trata de que Dios se haya ensañado con nosotros o de que no nos haya perdonado algo.*

*santos la resolución, **para que conozcan los vivientes que el Altísimo gobierna el reino de los hombres, y que a quien él quiere lo da, y constituye sobre él al más bajo de los hombres**"*).

Es así, entonces, como vemos en el libro sagrado, que mientras Nabucodonosor se enaltece le viene la humillación, para que reconozca a Dios; y es lo que inevitablemente nos sobrevendrá en la medida que permitamos que la soberbia encuentre un lugar en nuestros corazones.

Nabucodonosor se consideró *autosuficiente*, y no dio la gloria al Dios del cielo por todo lo que había recibido de su mano; y en esto consistió su error y soberbia, como vemos en Daniel 4.29-32: *"Al cabo de doce meses, paseando en el palacio real de Babilonia, **habló el rey y dijo: ¿No es ésta la gran Babilonia que yo edifiqué para casa real con la fuerza de mi poder, y para gloria de mi majestad?** Aún estaba la palabra en la boca del rey, cuando vino una voz del cielo: A ti se te dice, rey Nabucodonosor: **El reino ha sido quitado de ti; y de entre los hombres te arrojarán, y con las bestias del campo será tu habitación, y como a los bueyes te apacentarán; y siete tiempos pasarán sobre ti, hasta que reconozcas que el Altísimo tiene el dominio en el reino de los hombres, y lo da a quien él quiere**".*

Como ya sabemos, todo lo que Dios hace tiene un propósito, y en el caso de Nabucodonosor se trataba de hacerle entender que todo lo que poseía y todas sus glorias estaban por debajo de su Creador, y que sin Él nada de lo que veían sus ojos hubiera sido posible. Ahora, quiero dejar claro que esta reflexión no busca definir si Nabucodonosor obtuvo o no la vida eterna; ese no es nuestro tema, sino comprender la formación que Dios le dio acerca de la humildad.

Dios nos forma con un propósito y, mientras lo hace, está siempre a nuestro lado. No debemos pensar que *Dios nos ha abandonado*, por el hecho de estar pasan-

> *Dios nos forma con un propósito y, mientras lo hace, está siempre a nuestro lado.*

do por las dificultades que forman nuestro carácter; por el contrario, debemos recordar siempre que hay algo que está haciendo Dios en nosotros, y que continúa invirtiendo recursos y esmero para hacer de nuestra vida una obra maestra para alabanza de su gracia y para ejemplo de muchos.

Dios tampoco abandonó a Nabucodonosor cuando necesitaba ser formado, y esto lo dejó claro desde el comienzo del proceso de formación al cual lo sometía, declarando por medio de Daniel que al final *"mantendría su reino"*; porque esta prueba no era para abandonarlo sino que, por el contrario, le sería restaurada su gloria cuando el objetivo de la formación de Dios en él se hubiera cumplido (Daniel 4.26: *"Y en cuanto a la orden de dejar en la tierra la cepa de las raíces del mismo árbol, significa que **tu reino te quedará firme, luego que reconozcas que el cielo gobierna**"*).

Dios está a nuestro lado en estos difíciles momentos de formación y disciplina que vivimos, y no debemos permitir que pensamientos contrarios a esta verdad se alberguen en nuestros corazones, ya que esto podría alargar aún más el tiempo que necesitamos para superar nuestras pruebas o, peor aún, alejarnos definitivamente del propósito de Dios.

Al fin del tiempo (porque la obra de Dios tiene un tiempo, y no es una prueba sin final), Nabucodonosor fue formado por Dios, según Daniel 4.34-35 (***"Mas al fin del tiempo yo Nabucodonosor alcé mis ojos al cielo, y mi razón me fue devuelta; y bendije al Altísimo, y alabé y glorifiqué al que vive para siempre, cuyo dominio es sempiterno, y su reino por todas las edades. Todos los habitantes de la tierra son considerados como nada; y él hace según su voluntad en el ejército del cielo, y en los habitantes de la tierra, y no hay quien detenga su mano, y le diga: ¿Qué haces?"***); y esto tuvo lugar en la historia del rey para que pudiera:

1. *Bendecir al Altísimo.*

2. *Alabar a Dios.*

3. *Glorificar al Señor.*

4. *Entender que el dominio de Dios es sempiterno; es decir, es para siempre.*

5. *Reconocerse a sí mismo como nada delante de la grandeza del Señor.*

6. *Saber que la voluntad de Dios se hace sobre todo, en el cielo y en la tierra.*

7. *Darse cuenta de que no hay quien detenga a Dios, ni quien pueda poner en tela de juicio lo que Él hace.*

> Soportar el proceso de formación de Dios, terminará por llenar nuestro corazón y labios de alabanza para Él.

Además, como resultado de su posterior humildad ante Dios, Nabucodonosor obtuvo varias bendiciones, según Daniel 4.36 (**"En el mismo tiempo mi razón me fue devuelta, y la majestad de mi reino, mi dignidad y mi grandeza volvieron a mí, y mis gobernadores y mis consejeros me buscaron; y fui restablecido en mi reino, y mayor grandeza me fue añadida"**); beneficios similares a aquellos con los cuales nos podremos ver favorecidos al someternos a la disciplina del Señor:

1. *Recibir de vuelta la razón.*

2. *Recuperar la majestad del reinado (porque Dios nos hizo reyes y sacerdotes).*

3. *Recobrar la identidad.*

4. *Ser engrandecido nuevamente.*

5. *Ser reconocido de nuevo por sus servidores.*

6. *Recibir mayor grandeza que la primera.*

7. *Mejorar la relación con Dios; a quien alabó y engrandeció Nabucodonosor por encima de sí mismo, dándole gloria y reconociendo que Él es verdadero y justo y puede humillar a los soberbios.*

8. *Reconocer que la soberbia no es buena.*

> Con los padecimientos que llegan, se va generando una expectativa de gloria mayor.

Soportar el proceso de formación de Dios en nuestras vidas, inevitablemente terminará por llenar nuestro corazón y labios de alabanza para Dios y de reconocimiento de su justicia y gran poder; de la misma manera que el rey Nabucodonosor lo vivió, según registra Daniel 4.37:

"Ahora yo Nabucodonosor alabo, engrandezco y glorifico al Rey del cielo, porque todas sus obras son verdaderas, y sus caminos justos; y él puede humillar a los que andan con soberbia".

Evidentemente, el proceso de formación de Dios nos llenará de favores luego de pasar por él, por lo cual debemos alentarnos y esforzarnos con la paciencia necesaria; teniendo en cuenta que, junto con los padecimientos que nos llegan, se va generando una expectativa de gloria y bendición cada vez mayor para nosotros.

Un destino pero diferentes caminos

El pequeño Juan José no quiere ir a la cama esta noche. La emoción del día ha elevado el nivel de sus revoluciones, y le cuesta ir a dormir al pensar que hay tanto por hacer todavía y que hay tantos compañeros de juego que están de visita en casa.

Su madre, sabiendo que es justo y necesario que vaya a descansar, le hace saber que "el día ha terminado y es hora de dormir"... ¡Pero el pequeño no entiende razones! No está dispuesto a ceder tan fácilmente, y piensa que es posible que de alguna manera convenga a mamá de aplazar un poco la hora de ir a la cama.

Luego de varios minutos, las estrategias del pequeño no están funcionando, pero Juan José sabe que le queda un as bajo la manga, **un regalo que Dios le dio: ¡lágrimas!**

Tan cierto como que los niños son una bendición de Dios, lo es también que a muy temprana edad desarrollan el deseo y la capacidad de manipular las situaciones a su preferencia (lo cual logran si carecen de padres sabios); y aprenden que su llanto es una poderosa herramienta para lograrlo. Sin embargo, Juan José cuenta con una madre sabia, y ella no va a ceder a sus pretensiones...

Luego de algunos minutos de una mezcla de llanto y enojo, ha llegado el final de esta historia con el pequeño durmiendo en cama y, ahora sí, completamente agotado después de derramar tanto llanto de manera innecesaria.

El pequeño, pudiendo elegir el camino más fácil al ser obediente, tomó la ruta más difícil; y todo para llegar finalmente al mismo destino: dormir a la hora indicada por mamá.

Hoy estamos siendo formados porque hemos hecho caso omiso a algún mandamiento o petición de Dios, como la humildad que pide de nuestra parte (Miqueas 6.8: **"Oh hombre, él te ha declarado lo que es bueno, y qué pide Jehová de ti: solamente hacer justicia, y amar misericordia, y humillarte ante tu Dios"**); y, al Dios que nos ha dado la vida y todo cuanto percibimos, no deberíamos negarle algo que pida, con más razón cuando comprendemos que es un Dios de amor y de buenos planes para nuestras vidas, por lo cual sus mandamientos no son gravosos para nosotros sino para nuestro propio bien, ya que somos los principales beneficiados al obedecer su voz.

Dios es el único ser en el universo que puede humillar a cualquier criatura, y que tiene todo poder para terminar con la altivez de los soberbios, aunque éstos sean los gobernantes más sobresalientes del reino humano.

> *Hoy estamos siendo formados porque hemos hecho caso omiso a algún mandamiento o petición de Dios.*

El rey Nabucodonosor no fue precisamente *un cristiano fervoroso* (pues hablaba de varios dioses, como vemos en Daniel 4.8), pero aun así su orgullo fue humillado por Dios, y luego de esto pudo declarar palabras de reconocimiento a la grandeza y la soberanía del Creador por encima de sí mismo, como vemos en Daniel 4.37: **"Ahora yo Nabucodonosor alabo, engrandezco y glorifico al Rey del cielo, porque todas sus obras son verdaderas, y sus caminos justos; y él puede humillar a los que andan con soberbia".**

> *La palabra de Dios se cumple finalmente sobre todo ser humano; sea creyente, o no.*

Tarde o temprano, la palabra de Dios se cumple sobre todo ser humano, independientemente de que éste la crea, o no; y existe una ley que salió de la boca de Dios para el universo entero, que manda a que toda criatura sea humilde ante su Creador, lo cual la Biblia presenta con estas palabras en Romanos 14.11: *"Porque escrito está: **Vivo yo, dice el Señor, que ante mí toda rodilla se doblará, y toda lengua confesará a Dios".***

Y es que, humillarse ante Dios es algo que, más temprano que tarde, todo ser humano tiene que hacer, porque es *un destino obligado*; y, sin embargo, existen por lo menos tres caminos posibles para que se cumpla esto en nuestras vidas:

1. Ser humildes voluntariamente, recibiendo todos los beneficios que trae recibir a Jesucristo como nuestro Señor en esta vida;

2. Ser humildes luego de pasar por un duro proceso de formación que será necesario por nuestra soberbia, después de lo cual obtendremos la bendición por haber sido cambiados pero con un alto costo; o

3. Esperar a ser humillados sin posibilidad de salvación, en la eternidad; y, el día que llegue el juicio de Dios para toda la humanidad, recibir el pago por haber sido soberbios y rebeldes a su palabra.

Definitivamente, la ruta más fácil y conveniente es la primera, y es la que Dios desea que tomemos, porque Él no se complace en nuestro sufrimiento y desdicha. Sin embargo, vemos cómo la ruta *escogida* por nuestro personaje central (José) fue la segunda opción, y esto es claro porque él no padeció humillaciones por *capricho* de Dios, sino porque lo necesitaba en verdad para llegar a ser humilde, y así poder ocupar posteriormente un lugar de exaltación como gobernador de Egipto y como instrumento de salvación de Dios para la preservación de la descendencia de Abraham.

Al igual que José, es posible que nosotros hoy en día no estemos transitando por el camino más fácil para ser humildes o para vivir según la voluntad de Dios en algún otro aspecto; pero, si estamos pasando por un proceso de formación, es porque Dios quiere que, a pesar de todo, lleguemos a estar alineados con su voluntad y que recibamos sus bendiciones en esta vida y en la venidera.

> *Pasamos por un proceso de formación porque Dios quiere alinearnos con su voluntad y darnos sus bendiciones.*

Dios es un ser que ama lo justo, y la humildad permite que exista la justicia. La Palabra de Dios nos habla de una instrucción dada por Él, al decir: *"Todo valle sea alzado, y bájese todo monte y collado"*; la cual nos hace un llamado a la igualdad con nuestro prójimo por medio de la *nivelación*, y nos enseña que cuando existe esta justicia se puede manifestar la gloria del Señor en nuestras vidas.

La persona orgullosa que se cree superior a los demás (monte o collado), debe bajarse de *su altura* frente a su prójimo; y aquel que se cree inferior (valle), debe subir su autoestima y saberse con igual valor frente a los demás; y, tanto el uno como el otro, deben comprender que no somos más ni menos que las otras personas, sino iguales; y que, de esta manera, se dará paso para que la gloria de Dios se manifieste (Isaías 40.4-5:

"Todo valle sea alzado, y bájese todo monte y collado; y lo torcido se enderece, y lo áspero se allane. Y se manifestará la gloria de Jehová, y toda carne juntamente la verá; porque la boca de Jehová ha hablado").

La altivez del hombre le acarrea humillación de manera irremediable, y esto lo evidenciamos desde el origen de la raza humana con Adán y Eva, quienes no decidieron ser humildes voluntariamente ante su Creador sino que pecaron comiendo del fruto prohibido (codiciando ser *iguales a Dios*), y fueron altivos transgrediendo el único mandamiento que les había sido dado; luego de lo cual sintieron vergüenza por saberse desobedientes y desnudos. Esta historia nos muestra, desde el comienzo, que el orgullo es una tentación y un camino que finalmente nos acarrea vergüenza, y que la exaltación no proviene del esfuerzo desmedido del ser humano por alcanzarla.

Por tanto, sabiendo cuál es el destino ineludible de ser altivos para con Dios, debemos entender como mejor camino el ser humildes de manera voluntaria, reconociendo la superioridad del Creador y la igualdad que tenemos frente a nuestro prójimo, para así poder ser exaltados posteriormente. El profeta Isaías registra en su libro, en Isaías 5.15: *"Y el hombre será humillado, y el varón será abatido, y serán bajados los ojos de los altivos"*.

Cuando vemos a una persona que soberbiamente desafía con sus palabras y actitudes, es porque su caída está cercana y viene precedida por el sonido de sus propios labios y su actuar. La soberbia que rodeaba al famoso barco Titanic llegaba al punto que algunos de sus tripulantes declararon que *"ni Dios podría hundirlo"*, lo cual destinaba esta embarcación de manera irremediable al abatimiento; y, como sabemos hoy después de muchos años, más temprano que tarde su caída llegó con el naufragio. Esta es una ley universal establecida por el Creador de todo lo existente, por lo cual es inevitable que aquel que se exalta, caiga (Proverbios 29.23: *"La soberbia del hombre le abate; Pero al humilde de espíritu sustenta la honra"*).

El día del Señor viene para derribar a los soberbios, altivos y arrogantes (Isaías 2.12: *"Porque día de Jehová de los ejércitos vendrá sobre todo soberbio y altivo, sobre todo enaltecido, y será abatido"*), y no es sensato que nosotros decidamos estar dentro de este grupo de personas destinadas al fracaso; con mayor razón cuando hemos conocido que el amor y las bendiciones de Dios están servidos para nosotros. Tanto desea Dios estar con nosotros y beneficiarnos, que tomó un cuerpo humano para morir en una cruz para perdonarnos, haciéndose a sí mismo *maldito* para heredarnos su bendición (Gálatas 3.13).

> *No tenemos excusa para no permitir el proceso de formación que necesitamos.*

No tenemos excusa para no permitir que seamos pasados por el proceso de formación que de Dios estamos necesitando. De hecho, Jesucristo, el Señor, sanó entre las multitudes a muchas personas de males que habían adquirido en el trascurrir de sus vidas, pero también lo hizo con muchos que habían nacido enfermos y que padecían desde sus cunas; con lo cual nos enseñó que *no podemos escondernos detrás de la excusa de que "así nacimos"* para pensar que no conseguiremos cambiar aquello que nos aleja de la voluntad de Dios. No hay nada que sea imposible al creer en Dios y al someternos pacientemente a su voluntad… ¡Nada!

Por último, es necesario advertir que decidirse por el camino de la soberbia es también renunciar a la salvación del alma, a la grandiosa oportunidad de vida eterna entregada por Jesucristo al morir y resucitar por nosotros; porque la Palabra de Dios enseña que *"la salvación está con los humildes"*, pero también que existe una terrible expectativa de condenación para la soberbia humana, como vemos en Malaquías 4.1: *"Porque he aquí, viene el día ardiente como un horno, y todos los soberbios y todos los que hacen maldad serán estopa; aquel día que vendrá los abrasará, ha dicho Jehová de los ejércitos, y no les dejará ni raíz ni rama"*.

Propósito de Dios al formarme

Cuando era niño me preguntaba *"por qué papá y mamá no podían quedarse en casa conmigo y con mis hermanos todo el tiempo"*. Parecía sencillo que se cumpliera ese deseo, y no entendía qué era lo que impedía que yo pudiera disfrutar más tiempo con ellos, si yo los necesitaba a mi lado y era muy difícil verlos partir hacia sus trabajos.

Con el paso del tiempo no sólo me acostumbré a esto, sino que comprendí que su deseo jamás fue vernos sufrir al despedirse y que, además de querer jugar con nosotros y vernos reír, papá y mamá tenían el firme propósito de suplir nuestras necesidades y brindarnos posibilidades que incluso ellos mismos no habían tenido. Esto requería de su parte un gran esfuerzo, que a su vez arrojaba como resultado que no pudieran quedarse acompañándonos todo el tiempo, tal y como queríamos mis hermanos y yo, a pesar de lo cual sí lograban cuidar muy bien de nosotros.

Y es que, los adultos tienen razones para actuar que los niños no comprenden; razones que llamadas de otra manera podríamos conocer como propósitos que, valga la pena aclarar, jamás deben ocasionar en los padres un descuido de lo más valioso: sus hijos.

Como ya dije, Dios no actúa movido por caprichos (como hacemos nosotros en muchas ocasiones) y, detrás de las dificultades que nos permite vivir, tiene el firme propósito de llevarnos con cuidado y amor a un buen destino lleno de posibilidades, aunque esto implica en ocasiones un cambio de rumbo (a veces doloroso) cuando nuestros pasos nos están alejando de su perfecta y agradable voluntad.

Alguien dijo que *"Dios, al dirigirnos, actúa como un GPS"*; mostrándonos en primera instancia el mejor y más corto camino para llegar al destino deseado, y redefiniendo la ruta a seguir en la medida en que nos hemos movido fuera del trayecto inicialmente señalado. Por lo general, la segunda ruta calculada por un GPS es más larga que la primera, y por tanto implica un mayor tiempo de espera que la instrucción inicial; y esto mismo es lo que suele sucedernos, en el campo humano y en el espiritual.

> *Dios nos dirige como un GPS, mostrando primero el mejor y más corto camino.*

El pueblo de Israel, al salir de la esclavitud en Egipto, recibió instrucciones de primera mano de parte de Dios y por medio de Moisés, con el fin de ser introducidos en la tierra prometida. Sin embargo, por causa de la incredulidad que llevó a los israelitas a dirigir de nuevo sus corazones hacia la tierra egipcia, la ruta fue *recalculada* por su *GPS espiritual* y tuvieron que atravesar duras situaciones. Se extendió tanto la nueva ruta, que la generación que saliera de Egipto no pudo entrar a la tierra prometida, sino sólo aquellas personas que sobrevivieron a los siguientes cuarenta años luego de finalizada la esclavitud que padecieron en tierra de Faraón.

Debemos ser dóciles a la instrucción y cuidado de nuestro Dios, y entender que es su misericordia la que nos lleva a ser humillados y vivir dificultades, con el fin de que no andemos descarriados de sus caminos, alejados de sus palabras y de sus planes; como lo declaró tiempo atrás el salmista en Salmos 119.67: *"Antes que fuera yo humillado, descarriado andaba; Mas ahora guardo tu palabra"*.

Es verdad que a veces parece que Dios *nos ha descuidado*, porque no nos da de inmediato lo que queremos; pero necesitamos conocer, por encima de todo lo que nos sucede hoy, que Dios cuida de nosotros.

El pueblo de Israel no comprendió que muchas de las experiencias que pasaba se trataban del cuidado de Dios, por lo cual se rebelaron contra Él, quien les expresó posteriormente las tristes palabras registradas en Oseas 11.3: *"Yo con todo eso enseñaba a andar al mismo Efraín, tomándole de los brazos;* **y no conoció que yo le cuidaba***"*.

Es indispensable recordar siempre que la aflicción en Dios tiene un propósito; y podemos tener la certeza de que, si ésta es según la voluntad del Señor, será para nuestro bien; y, aunque esto no se perciba de manera clara en el presente, a la postre lo veremos si esperamos en la gracia divina, como afirma la Palabra de Dios en Deuteronomio 8.16: *"que te sustentó con maná en el desierto, comida que tus padres no habían conocido,* **afligiéndote y probándote, para a la postre hacerte bien***"*.

Ahora, conozcamos mejor nuestros defectos.

EL DEFECTO QUE DEBO CAMBIAR

2

Me pregunto:

Quién es el culpable de mi sufrimiento?
¿Quién me ayudará?
¿Me ha dejado Dios?

Un versículo para recordar:

"Pero decía, que lo que del hombre sale, eso contamina al hombre. Porque de dentro, del corazón de los hombres, salen los malos pensamientos, los adulterios, las fornicaciones, los homicidios, los hurtos, las avaricias, las maldades, el engaño, la lascivia, la envidia, la maledicencia, la soberbia, la insensatez. Todas estas maldades de dentro salen, y contaminan al hombre
Marcos 7.20-23.

Junto con conocer lo que Dios quiere formar en nosotros, precisamos mirar en detalle aquello que origina la necesidad de un cambio en nuestros corazones: nuestro defecto. Para superar nuestro proceso de formación, es muy importante conocer nuestra falla, su origen y la forma en que se manifiesta; teniendo en cuenta que, una mala acción de nuestra parte puede no ser en sí misma un defecto, sino una manifestación de éste; puede no ser la raíz, sino una de sus ramas.

Ahora, es verdad que tenemos defectos por cambiar pero, si contamos con un auténtico deseo de agradar a Dios en nuestros corazones, ciertamente Él está acompañándonos en este proceso para ser mejores.

¿De dónde viene mi defecto?

Tristeza veo en los ojos del pequeño Juan José, luego que de manera accidental golpeara la nariz de mamá, a quien causo gran dolor. Al ver a su ser más amado lleno de malestar por el golpe, se culpa y comienza a llorar. Sus actos pueden llevar a pensar que fue un hecho intencional pero, la verdad sea dicha, todo fue un accidente.

Ante los ojos llorosos del pequeño, pienso que nuestras intenciones no siempre son claras por medio de nuestras acciones; y de hecho algunas veces hemos sido mal interpretados y juzgados de manera injusta, porque hay algo que está mal y que los demás pueden ver, pero también hay algo que está bien y nos justifica, pero no es visible: Nuestra intención.

La motivación del pequeño Juan José nunca ha sido hacer daño a mami y, aunque los hechos muestran lo contrario, mami sabiamente percibe el verdadero deseo de su amado hijo, por lo cual se vuelca en actitud de consuelo hacia él.

Una de las cosas que hace difícil reconocer la presencia del orgullo y algunos otros defectos en una persona, es que éstos son intenciones del corazón, a partir de las cuales se generan comportamientos que no siempre evidencian la motivación de su autor.

Hay muchas situaciones de nuestra vida que sólo pueden ser juzgadas con claridad por alguien que pueda ver nuestro corazón; y, fuera de nosotros, el único ser que puede hacer esto es Dios, tal y como lo declara el apóstol Pablo en su primera carta a los corintios, capítulo 4 y verso 5: *"Así que, no juzguéis nada antes de tiempo, hasta que venga el Señor, el cual también traerá a luz lo encubierto de las tinieblas, **y manifestará las intenciones de los corazones; y entonces cada uno tendrá de Dios la alabanza**"*.

El orgullo y otros defectos pueden ser concebidos en las personas a partir de diversos motivos, como una niñez difícil, el desprecio de sus seres amados, diferentes formas de maltrato y abuso o algún otro tipo de experiencia negativa. Sin embargo, el verdadero origen del orgullo es el corazón del hombre que, a partir de dichas experiencias negativas, alberga, alimenta y mantiene dentro de sí este defecto; como dice la Biblia en Marcos 7.21-23: *"Porque de dentro, del corazón de los hombres, salen los malos pensamientos, los adulterios, las fornicaciones, los homicidios, los hurtos, las avaricias, las maldades, el engaño, la lascivia, la envidia, la maledicencia, la soberbia, la insensatez. **Todas estas maldades de dentro salen, y contaminan al hombre**"*.

No me detendré mucho para definir los motivos que incidieron para que en José se formara un orgullo por el cual luego precisaría ser formado por Dios, pero mencionaré una situación que sin duda influyó en esto.

Desde su nacimiento, José fue valorado como *insuficiente* para dar felicidad, y esto por parte de uno de los seres más importantes en la vida de una persona: su propia madre. Así es, de hecho, Raquel lo manifestó así, y lo plasmó en el nombre que puso a su hijo (Génesis 30.24: *"y llamó su nombre*

José, diciendo: **Añádame Jehová otro hijo***"*), pues José significa *Él añade.*

En otras palabras, la expresión de Raquel al nacer José no fue *"Eres lo mejor que he recibido"* o *"Me haces muy feliz"*, sino más bien algo parecido a *"No eres suficiente para mí, necesito otro hijo más para ser feliz"...* Fuerte, ¿verdad? Imaginemos qué sentiríamos en lugar de José, con semejante *recibimiento* por parte de la persona que más debería valorarnos al nacer.

Pienso que esta situación con su madre fue la que más ayudó para que en José se formara un escudo de orgullo; pues, además, si ese fue el recibimiento de Raquel para su hijo al nacer, es muy posible que el trato que le diera el resto de su vida estuviera alineado con tal manera de recibirlo. Al parecer, para Raquel el principal deseo al tener hijos no era amarlos, sino satisfacer a su esposo y *competir* con su hermana Lea, quien a su vez era otra esposa de Jacob (Génesis 30.1).

Cuando sentimos que no tenemos el valor que deseamos, de alguna manera necesitamos hacernos valorar, y es entonces cuando puede aparecer el orgullo, que es una manera de darnos a nosotros mismos una importancia que pensamos no tener; esto era lo que sucedía a José, y es lo que sucede a muchos de nosotros.

Con el paso de los años, el orgullo del hijo de Jacob pudo haberse alimentado de otras situaciones, como el evidente favoritismo de su padre hacia él, con el cual se despertó el celo de sus hermanos (Génesis 37.3a: *"Y amaba Israel a José más que a todos sus hijos"*); pero, lo verdaderamente trascendental de la triste experiencia de José con su madre, fue que su corazón albergó, alimentó y mantuvo dentro de sí el orgullo. Este fue el verdadero origen de su defecto.

Es tiempo de dejar de mirar a nuestro alrededor para señalar el origen de nuestra amargura y dolor.

Encontramos a personas que, al mantener con vida dentro de sí el orgullo, se creen con el derecho a arruinar sus vidas con malas decisiones, por considerar que *el mundo ha sido duro e injusto con ellas*; y echan a perder las que hubieran podido ser vidas maravillosas en las manos de Dios, concentrándose en buscar entre las personas que les rodean a los culpables de su desdicha para *hacer justicia*. Dichosamente, este no fue el caso de José… por lo menos no lo fue al final de todo.

Es cierto que, en ocasiones, somos víctimas de personas malintencionadas o situaciones tristes; pero, si nuestra intención es ser vistos como víctimas por los demás y por nosotros mismos, estamos actuando de manera orgullosa y estamos arruinando la vida nueva que Dios quiere darnos.

Es tiempo de dejar de mirar a nuestro alrededor para señalar el origen de nuestra amargura y dolor, y comenzar a examinar en nuestro interior para descubrir lo que allí está mal; porque es de nuestro propio corazón (y no del corazón de los demás) de donde brota la calidad de nuestra vida (Proverbios 4.23). Lo único que verdaderamente está en nuestras manos es cambiar nosotros mismos, ya que el cambio en la vida de los demás es un regalo de ellos hacia nosotros, y éste no se dará simplemente porque lo impongamos como un mandamiento.

> *El origen de muchos de nuestros defectos, temores y fobias, está en no haber rendido verdaderamente ciertas cosas ante Dios.*

La intención que se origina en nuestro corazón cobra gran importancia al actuar y, como alguien dijo por ahí, *lo que importa es la intención* (aunque quiero aclarar que no siempre las intenciones son suficientes si no se actúa correctamente).

Acerca de esto se refirió Jesucristo, al decir que si ofrendamos, oramos o ayunamos con la intención de ser vistos por los hombres, nuestra recompensa será muy diferente a la que recibiremos si dicha intención es sincera y agradable a Dios, como registra Mateo 6.1-4: *"Guardaos de hacer vuestra justicia delante de los hombres, para ser vistos de ellos; de otra manera no tendréis recompensa de vuestro Padre que está en los cielos. Cuando, pues, des limosna, no hagas tocar trompeta delante de ti, como hacen los hipócritas en las sinagogas y en las calles, para ser alabados por los hombres; de cierto os digo que ya tienen su recompensa. Mas cuando tú des limosna, no sepa tu izquierda lo que hace tu derecha, para que sea tu limosna en secreto; y tu Padre que ve en lo secreto te recompensará en público"*.

Un ejemplo sencillo, para ilustrar la importancia de la intención, se puede ver en la diferencia que existe entre las muchas veces que las personas se sumergen en el agua cuando se está en un plan de diversión o practicando algún deporte, y aquella vez en que los cristianos bajan a las aguas para ser bautizados en el nombre de Jesucristo para perdón de pecados, como lo enseña Hechos 2.38: *"Entonces Pedro les dijo: Arrepentíos, y bautícese cada uno de vosotros en el nombre de Jesucristo para perdón de los pecados; y recibiréis el don del Espíritu Santo"*. La acción en sí es la misma (sumergirse en el agua), pero lo que en cada caso sucede es totalmente diferente en esencia, debido a la intención en cada situación.

Ahora, el origen de muchos de nuestros defectos, temores e incluso fobias, está en cosas que nuestro corazón no ha rendido verdaderamente ante Dios, para que sea Él quien decida acerca de ellas. El temor a perder la vida en un vuelo aéreo, el pánico escénico y otra serie de temores, se originan al aferrarnos *desmedidamente* a cosas como la vida, el orgullo o la necesidad de reconocimiento ante los demás; cosas sobre las cuales necesitamos mantener el control, por lo cual no estamos dispuestos a rendirlas a nadie, y no las rendimos a Dios. Es por esto que el comienzo de la solución (o por lo menos parte im-

> *Hay cosas que sólo recibiremos cuando estemos dispuestos a perderlas.*

portante de ésta) al querer cambiar nuestros defectos por virtudes, consiste en rendir a la voluntad de Dios lo que tenemos asido a nuestro ser, e incluso renunciar a ello de ser necesario.

En el reino de Dios *morir significa vivir*, y en muchas ocasiones renunciar se traduce en poseer. Hay cosas que sólo recibiremos cuando nuestro corazón cambie de intención y esté verdaderamente dispuesto a perderlas; como sucedió a Abraham, quien recibió de vuelta y de manera definitiva a su hijo Isaac, cuando estuvo verdaderamente dispuesto a perderlo y más aún a sacrificarlo para Dios (Génesis 22.1-12).

Cuando estamos dispuestos a renunciar a algo, manteniendo por encima a nuestro Creador, es cuando comienza la libertad de Dios a operar en nuestros corazones, porque le hemos rendido todo, sin reservarnos nada.

Alguien dijo una vez: *"Para comenzar a estar bien, pongámonos primero de acuerdo en lo que está mal"*; y es necesario que apliquemos esta enseñanza a nuestras vidas hoy, para que sepamos qué está mal dentro de nosotros y de dónde proviene, y para que luego permitamos que sea cambiado por el gran poder de Dios.

Muchos de nuestros problemas se originaron en nuestro interior (tal vez como una acción propia o como una reacción frente al entorno), y el origen de la solución a muchos de ellos se encuentra allí mismo, adentro.

Conociendo la cara de mi defecto

El pequeño Juan Simón regresa con papá de la tienda del barrio, con una moneda que atesora y mueve con curiosidad entre sus cortos dedos. El metal fue depositado en sus manos por don Alberto, el tendero, junto a las golosinas que el pequeño había señalado en la vitrina de la tienda. Esto sucedió después de que Juan hubiera entregado en manos de aquel vendedor un pequeño papel que le fue dado a su vez por papá, quien mientras tanto daba instrucciones a Juan sobre todo lo que debía hacer en ésta, su primera experiencia de compra.

El padre de Juan Simón está enseñándole acerca del valor del dinero, y el pequeño hoy ha aprendido con asombro que existen papeles y metales tan valiosos que a cambio de ellos se pueden obtener muchas golosinas de la vitrina de don Alberto.

En la medida en que analiza detalladamente su nueva y preciada posesión (la moneda), el pequeño advierte además que este objeto no es un metal plano, sino que tiene formas y letras parecidas a las que ha visto en los libros de cuentos leídos por mamá en las noches antes de dormir. Luego de mucho examinar su dinero, el pequeño, de tan sólo cuatro años de edad, plantea a su padre una inquietud difícil de responder (al igual que muchas preguntas planteadas por la curiosidad de los niños): ¿Por qué la moneda tiene dos caras diferentes?

Su padre, con una sonrisa en los labios y sin conocer la respuesta correcta, le responde que "es la manera en que han sido creadas", y que "sólo si la moneda cuenta con dos caras diferentes, al igual que ésta, don Alberto estará dispuesto a recibirla a cambio de muchas golosinas".

> **Eventualmente, no todo lo que consideramos un defecto lo es realmente.**

Al hablar de nuestros defectos, es necesario tener claro aquello que verdaderamente está mal; pues, eventualmente, no todo lo que consideramos parte de un defecto lo es en realidad, por lo cual debemos ser diligentes para conocer en detalle nuestro error. Por ejemplo, una persona que manifiesta de manera imprudente lo que piensa, tiene en su proceder dos elementos: uno digno de ser conservado, que es manifestar su punto de vista sin reprimirse; y otro que merece ser desechado, que consiste en manifestarse con imprudencia.

Acerca del orgullo, debemos saber que éste cuenta con lo

que podríamos llamar *dos caras,* originadas en una misma *moneda* que es nuestro corazón, pero totalmente contrarias entre sí: una cara, que es buena para nosotros (y para quienes nos rodean), que es el sentido de valor de las cosas apreciables que tenemos; y otra cara, que nos lastima (a nosotros y a aquellos que tenemos cerca) al hacernos altivos y amargados, que no debe tener cabida en nuestras vidas.

Sin embargo, aunque el origen de cualquiera de estas dos clases de orgullo es el mismo (el corazón), debe ser totalmente claro que no existe ninguna comunión entre las dos *caras,* de la misma manera que *"no existe ninguna comunión entre la luz y las tinieblas"* (2 Corintios 6.14). Esto no se trata de pensar que nuestros defectos tienen una cara buena, y que por tanto pueden ser justificados; sino de tener claro qué es un defecto en nosotros, y qué no lo es.

El orgullo *bueno* consiste en sentir satisfacción por los logros o metas alcanzados, y es aquel que usa un padre al decir a su hijo, que ha tenido éxito en su año escolar, que *"está muy orgulloso de él"*. No se trata de considerarse superior frente al prójimo, sino de una lícita satisfacción. Al respecto, podemos ver cómo el apóstol Pablo manifiesta su orgullo al gloriarse acerca de sus alcances en la obra de Dios, en pasajes como los presentados a continuación:

2 Corintios 1.14: *"como también en parte habéis entendido que* **somos vuestra gloria, así como también vosotros la nuestra, para el día del Señor Jesús**".

2 Corintios 8.24: **"Mostrad, pues, para con ellos ante las iglesias la prueba de vuestro amor, y de nuestro gloriarnos respecto de vosotros**".

2 Corintios 9.3: *"Pero he enviado a los hermanos, para que* **nuestro gloriarnos de vosotros** *no sea vano en esta parte; para que como lo he dicho, estéis preparados"*.

La otra cara del orgullo, que podríamos catalogar como

mala, es aquella que consiste en una *auto exaltación* desmedida de su poseedor, frente a Dios y frente a su prójimo. Esta clase de orgullo es desagradable ante el Creador, por lo cual trae consecuencias que afectan de manera negativa a quienes le dan cabida en sus corazones. Dios manifiesta en su Palabra que Él aborrece la altivez y el orgullo, y que éstos son pecado:

*Proverbios 16.5: "**Abominación es a Jehová todo altivo de corazón; Ciertamente no quedará impune**".*

*Proverbios 21.4: "**Altivez de ojos, y orgullo de corazón, Y pensamiento de impíos, son pecado**".*

*Eclesiastés 7.8: "**Mejor es el fin del negocio que su principio; mejor es el sufrido de espíritu que el altivo de espíritu**".*

Pensando en la escena vivida por Juan Simón y su padre, me pregunto: ¿Por qué existe el lado *malo* del orgullo, si nos hace daño? Mi pregunta de niño curioso no encuentra una respuesta con referencia bíblica específica, salvo que Dios nos creó con tanto amor que respeta nuestras decisiones; y las diferentes alternativas de decisión (caras) en las situaciones que se nos presentan, son parte necesaria en el desarrollo del libre albedrío que nos regaló el Creador. Sin embargo, a diferencia de una moneda, el orgullo no tiene que estar presente en nuestra vida con sus dos caras, lo cual es realmente bueno comprender.

Origen de mis pruebas y bendiciones

Ha llegado la hora esperada, aunque en el lugar menos pensado. Dentro del reclusorio se encuentra una mujer dando a luz, y una nueva vida llega al mundo, pero esta vez no en medio de médicos y enfermeras al interior de un hospital, sino entre policías y presos y como escenario los barrotes de una cárcel de máxima seguridad.

Un inofensivo bebé ha estado nueve meses dentro del vien-

tre de su madre, pero también dentro de una fría cárcel que le ha hecho preso antes de nacer, y todo esto por ser hijo de una mujer que pagando está sus errores del pasado.

Sin embargo, al salir del vientre, y aunque su madre deba seguir pagando su pena, aquella criatura es ahora libre y es un nuevo ser al cual la ley no puede juzgar por las equivocaciones de su progenitora. Una nueva vida ha llegado al mundo, con la opción de decidir si sus acciones le mantendrán en libertad, o si por el contrario le harán regresar un día a los barrotes que le vieron nacer.

> Hay cosas que nosotros mismos tendremos que experimentar y aprender.

Aunque es cierto que de nuestros padres mucho heredamos, también al iniciar nuestra vida comienza una nueva oportunidad, y ésta es de carácter personal. Somos un nuevo corazón con la capacidad de decidir y originar nuevos resultados; y, por muchas experiencias que nuestros padres hayan tenido e incluso nos quieran transmitir en su sabiduría, hay cosas que nosotros mismos tendremos que experimentar y aprender.

José fue una respuesta del Señor a la oración de una mujer estéril, como lo enseña Génesis 30.22: *"Y se acordó Dios de Raquel, y la oyó Dios, y le concedió hijos"*; y, aunque José en sí mismo era una bendición y su existencia se había originado en parte por la oración de su madre, él tendría que vivir sus propias experiencias y ser formado por Dios para originar y recibir sus propias bendiciones.

José era descendiente de los grandes patriarcas Abraham, Isaac y Jacob, pero a la vez era alguien que Dios miraba de manera individual, y a quien formaría particularmente según su necesidad. Y es que, Dios sabía muy bien lo que necesitaba José, porque le conocía incluso desde antes de que con su voz hubiera creado el mundo, de la misma manera que nos conoce a todos y cada uno de nosotros (Efesios 1.4: *"según **nos esco-***

gió en Él antes de la fundación del mundo, para que fuésemos santos y sin mancha delante de Él, en amor").

Si hemos tenido el privilegio de nacer en un entorno cristiano, es muy seguro que nuestros allegados hayan tenido grandes y maravillosas experiencias con Dios. Sin embargo, el Creador también tiene un plan maravilloso para nuestra vida y experiencia personal, para lo cual necesita formarnos, y por lo cual es posible que hoy nos encontremos *zambullidos* dentro de un mar tormentoso, que es en sí mismo un proceso de cambio y formación.

> Necesitamos entender que el amor de Dios no es un *amor de montón*.

Ahora bien, es necesario aclarar que también hay quienes padecen como consecuencia de sus malas acciones, y no porque se estén dejando formar por Dios, como vemos en 1 Pedro 4.15-16: *"Así que, ninguno de vosotros padezca como homicida, o ladrón, o malhechor, o por entremeterse en lo ajeno; pero si alguno padece como cristiano, no se avergüence, sino glorifique a Dios por ello".*

Por otro lado, una de las cosas que necesitamos entender los cristianos es que el amor de Dios no es un *amor de montón*; pues, aunque Dios sí ama al mundo entero (Juan 3.16), la verdad es que nos ama a cada uno de nosotros de manera particular, y es por esto que nos trata de acuerdo a nuestra forma de ser.

Abraham, Isaac y Jacob; tres hombres portadores de las mismas promesas, ¡pero tan diferentes entre sí! Al ver el trato de Dios con cada uno de ellos, salta a la vista la gran diferencia entre sus experiencias y lo que Dios hizo para formarlos según su necesidad personal. De la misma manera, debemos entender que somos únicos, renunciando a anhelar las experiencias de otras personas, y sabiendo que Dios tiene un plan especialmente diseñado para cada uno de nosotros.

Seguramente ya hemos intentado hacer lo que otros hi-

> *Hemos hecho lo mismo que otros para obtener su resultado, pero no lo logramos.*

cieron para obtener su mismo resultado, pero no lo logramos; y esto se debe a que Dios nos conoce tan bien que sabe que podemos dar más que otros, o quizás menos; por lo cual, su trato con nosotros es diferente, porque necesitamos una formación especial según nuestra situación y carácter (aunque es cierto que algunas personas, eventualmente, viven experiencias parecidas a las nuestras, porque necesitan una formación similar a la de nosotros).

José sufrió esclavitud y cárcel en tierra de Egipto, porque esto era necesario para formarle; lo cual a su vez sucedía porque Dios estaba empeñado en amarlo y cumplir su propósito con él, aunque hubiera podido escoger a cualquier otra persona para esta misión redentora.

Necesitamos vivir lo que estamos viviendo hoy, y Dios sabe lo duro que es para nosotros, pero también sabe que lo necesitamos, de la misma manera que lo sabremos nosotros más adelante, si somos pacientes.

El reflejo de mi defecto

Una mujer encinta se encuentra muy enojada porque, luego de ingresar al bus de transporte público, ninguna de las personas que ocupan las sillas preferenciales para embarazadas, ancianos y niños, le ha cedido un puesto; y es que, muchos de los que están ocupando estas sillas no deberían estar allí porque no están en condición especial de edad o salud.

Al ver el enojo de aquella mujer indignada, una pequeña niña que ocupaba por su edad uno de los puestos de preferencia, se levanta y le cede su puesto con actitud humilde.

Mientras veo el rostro de aquella niña que ha dado ejemplo a todos los pasajeros, medito en cuán valioso gesto de humil-

dad es renunciar a los derechos que tenemos por hacer bien a otra persona o simplemente por mantener la paz y la armonía; y me doy cuenta de que la humildad y el orgullo, al igual que otras virtudes y defectos, son evidentes en algunas oportunidades porque, a pesar de que éstos son intenciones escondidas en lo profundo del corazón, tarde o temprano terminan por exteriorizarse en gestos y acciones.

> Dios, en su amor por nosotros, se valdrá de la aflicción para perfeccionarnos.

Dios no se complace en que seamos avergonzados, y si permite que esto suceda es por una buena razón, normalmente relacionada con la desatención de sus mandamientos de nuestra parte (Salmos 119.6: **"Entonces no sería yo avergonzado, Cuando atendiese a todos tus mandamientos"**).

Todas las humillaciones experimentadas por el hijo de Jacob, fueron permitidas porque era necesario que saliera de su vida un orgullo que se evidenciaba por medio de sus actitudes; esto no se trataba del *capricho* de un Dios que se complaciera en ver el sufrimiento de su creación, sino más bien de la obra de un Dios que, en su gran amor por su criatura, se valdría incluso de la aflicción para perfeccionarla. A continuación, presento algunas de las actitudes de orgullo encontradas en José:

José hablaba mal a su padre acerca de sus hermanos para aumentar su favoritismo: José para sus hermanos era un *pone quejas*, y este era un papel que desempeñaba seguramente para alimentar el favoritismo de su padre hacia él, satisfaciendo su orgullo al ser considerado *mejor que los demás pecadores*, como nos muestra Génesis 37.2: *"Esta es la historia de la familia de Jacob: José, siendo de edad de diecisiete años, apacentaba las ovejas con sus hermanos; y el joven estaba con los hijos de Bilha y con los hijos de Zilpa, mujeres de su padre;* **e informaba José a su padre la mala fama de ellos"**.

José vestía para ser superior a los demás: El orgullo hace que lleguemos a considerar que el vestido es más que nuestra propia vida, y que la de los demás. Nos esforzamos en ocasiones por vestir prendas costosas que ni siquiera están dentro de nuestras posibilidades económicas, pero que si no logramos vestirlas nos sentimos inferiores, porque la intención al usar dichas prendas no es el buen vestir, sino *sobresalir*.

El orgullo hace que valoremos a las personas por la marca de las prendas que visten, lo cual evidentemente es un error, ya que el mismo Señor Jesús enseñó que *"la vida es más que el vestido"* (Mateo 6.25). José, sin embargo, lucía orgulloso su túnica de *Ralph Lauren*, diferenciándose y marcándose como *superior* frente a sus hermanos, gracias a este preciado regalo de su padre (Génesis 37.3: ***"Y amaba Israel a José más que a todos sus hijos***, *porque lo había tenido en su vejez; y le hizo una **túnica de diversos colores**"*).

José fue orgulloso para con aquellos que le aborrecían, por causa de las visiones que Dios le dio: A veces nos resulta difícil ocultar nuestra satisfacción al ser exaltados, y nos cuesta mucho luchar contra esa sonrisa orgullosa que nace en nuestro rostro al pensar en nuestras victorias. Sin embargo, a pesar de que hay personas con las cuales podemos compartir acerca de las bendiciones que Dios nos ha dado, existen ocasiones y personas frente a las cuales es mejor callar.

José no guardó su sensación de orgullo, y terminó compartiendo de la manera menos humilde el futuro que Dios tenía para él y que le había revelado por medio de sus sueños, como nos muestra Génesis 37.5-8: *"Y soñó José un sueño, y lo contó a sus hermanos; y ellos llegaron a aborrecerle más todavía. Y él les dijo: Oíd ahora este sueño que he soñado: **He aquí que atábamos manojos en medio del campo, y he aquí que mi manojo se levantaba y estaba derecho, y que vuestros manojos estaban alrededor y se inclinaban al mío.** Le respondieron sus hermanos: ¿Reinarás tú sobre nosotros, o señorearás sobre nosotros? Y le aborrecieron aun más a causa de sus sueños y sus palabras"*.

¡José se pasó, en verdad! ¡No es para nada agradable, ni es muestra de humildad, que alguien nos diga que *"nos postraremos ante él"*! Vaya, vaya, José, ¡esta vez sí que te pasaste!

A pesar de que Dios nos da experiencias maravillosas (como los sueños que dio a José), es necesario entender que éstas no deben ser usadas para presumir frente a nuestro prójimo. Con toda razón, no debemos hacer esto con las personas que nos aman, ni con aquellos que no nos quieren (como no querían a José sus hermanos), pues podríamos ser vistos como personas altivas y provocadoras.

Mejor le hubiera sido a José guardar en su corazón las revelaciones de Dios y esperar su seguro cumplimiento (pues se cumplirían sin lugar a dudas, al ser Dios mismo su carta de garantía).

José actuó orgullosamente con quienes le amaban al presentar sus sueños: Si nos pareció fuerte lo que José dijo a sus hermanos, había algo más por venir.

Decir a sus hermanos que *"se inclinarían delante de él"* fue algo pasado de tono, ¡pero decir a su padre que él también le haría reverencia es demasiado ya! ¡Y es que José tenía tan sólo diecisiete años, y era un hijo que debía honrar a sus padres! ¿Qué pretendía José?

En verdad lo hizo, y sobrepasó todo límite, como nos muestra Génesis 37.9-11: *"Soñó aun otro sueño, y lo contó a sus hermanos, diciendo:* **He aquí que he soñado otro sueño, y he aquí que el sol y la luna y once estrellas se inclinaban a mí. Y lo contó a su padre y a sus hermanos;** *y su padre le reprendió, y le dijo: ¿Qué sueño es este que soñaste? ¿Acaso vendremos yo y tu madre y tus hermanos a postrarnos en tierra ante ti? Y sus hermanos le tenían envidia, mas su padre meditaba en esto".*

José actuó con soberbia; y, aunque el plan de Dios era firme para su vida, tendría que pasar algunas duras experiencias para cambiar ciertas cosas que no andaban muy bien con él, y por las cuales no se encontraba preparado para ver el cumplimiento de los sueños que le habían sido revelados.

Había soberbia en el hijo de Jacob, y esto le traería como resultado una caída segura (aunque Dios también le levantaría posteriormente); porque este es el destino de la soberbia, como enseña la Palabra de Dios en Proverbios 29.23: *"La soberbia del hombre le abate; Pero al humilde de espíritu sustenta la honra"*.

Más manifestaciones de mi defecto

"No me entendiste", dice el pequeño Juan Martín de tres años de edad a su madre, luego de que le hubiera castigado por no comer el alimento que él mismo había pedido le fuera preparado.

El pequeño dijo que quería comer un delicioso pollo, pero olvidó decir que lo deseaba frito y con papas, y mami lo hizo cocido y acompañado de arroz.

Aunque mamá puso todo su esmero en complacer a Juan Martín, él ahora se rehúsa a comer, porque el esfuerzo fue puesto en hacer algo diferente a lo que en verdad se requería, a pesar de que era algo muy parecido. No se supo con exactitud lo que esperaba Juan Martín, por lo cual no fue posible cumplir con sus expectativas; porque, cuando no conocemos con claridad lo que se espera de nosotros, es muy probable que no lleguemos a cumplir con lo esperado. Una lección que el día de hoy han recibido Juan Martín y su madre, y que será de gran utilidad, para un próximo pedido.

> Alguna actitud podría ser parte de lo que debemos cambiar, sin nosotros saberlo.

Algo que nos ayudará a superar las pruebas de formación que vivimos, es ser diligentes para conocer en detalle lo que debemos cambiar y lo que se espera de nosotros; pues, eventualmente, alguna actitud nuestra podría ser parte de lo que Dios quiere que cambiemos, sin nosotros saberlo. A continuación presento un listado de algunas de las actitudes de orgullo que los seres humanos podemos tener, con el fin de que detectemos si alguna de ellas está presente en nuestras vidas:

Avergonzarse de la fe: Un sentimiento que experimentamos en algún momento de nuestra vida muchos cristianos, sobre todo cuando estamos comenzando nuestro caminar con Dios, es la sensación de vergüenza al declarar nuestra nueva fe a los que nos conocieron antes, o incluso a las nuevas amistades, por temor a ser discriminados.

Aunque en cierta manera es una emoción común, debemos luchar para vencerla, ya que conservar este sentimiento de vergüenza es en sí una muestra de orgullo, porque pensamos que *es más importante quedar bien ante los demás* y que *somos mejores ante ellos sin Dios*.

No debemos permitir que prevalezca ese sentir que menosprecia el evangelio de nuestra salvación, ya que, si prevalece, también nuestro Señor podría terminar avergonzándose de nosotros, como nos enseña Marcos 8.38: ***"Porque el que se avergonzare de mí y de mis palabras en esta generación adúltera y pecadora, el Hijo del Hombre se avergonzará también de él, cuando venga en la gloria de su Padre con los santos ángeles"***.

Quien se avergüenza del evangelio, considera que su posición sin el evangelio es superior, lo cual es orgullo. Por el contrario, debemos hacer según nos enseña Romanos 1.16: ***"Porque no me avergüenzo del evangelio, porque es poder de Dios para salvación a todo aquel que cree; al judío primeramente, y también al griego"***.

> *Dios sabe quién obra por equivocación y quién lo hace por soberbia.*

Pecar deliberadamente: Pecar de manera voluntaria y persistente es una muestra de orgullo frente al mandamiento recibido.

En ocasiones fallamos a Dios porque nos hemos equivocado, pero nos arrepentimos y anhelamos cambiar de dirección; pero cuando perseveramos voluntariamente en el pecado, estamos siendo llevados por la soberbia, y estamos *"ultrajando al Señor"*; y la consecuencia de tal proceder puede llegar a ser nuestra eliminación del pueblo de Dios. Esto lo podemos ver con claridad por medio de las palabras de Dios registradas en el libro de Números, en el pasaje 15.27-30: *"Si una persona pecare por yerro, ofrecerá una cabra de un año para expiación. Y el sacerdote hará expiación por la persona que haya pecado por yerro; cuando pecare por yerro delante de Jehová, la reconciliará, y le será perdonado. El nacido entre los hijos de Israel, y el extranjero que habitare entre ellos, una misma ley tendréis para el que hiciere algo por yerro.* **Mas la persona que hiciere algo con soberbia, así el natural como el extranjero, ultraja a Jehová; esa persona será cortada de en medio de su pueblo"**.

En ocasiones hemos visto a dos personas cometer el mismo error, y que una de ellas recibió una oportunidad de parte de Dios para reponerse y la otra, no; y llegamos a pensar por esto que hay injusticia en el Creador. Sin embargo, debemos entender que sólo Dios conoce los corazones y que esto está muy relacionado con la verdadera intención que se encuentra presente en el proceder de cada persona.

Dios es justo; sabe quién obra por equivocación o torpeza y quién lo hace por soberbia y altivez, y conoce además quién aprovechará una nueva oportunidad para arrepentimiento y quién no lo hará.

Pensar que siempre se tiene la razón: Creer que siempre tenemos la razón es una de las maneras en las cuales se manifiesta el orgullo, cuando mora en nuestros corazones; y es entonces cuando cada situación y cada persona en contra de nuestra opinión son vistas como un *ataque personal*, un ataque a nuestro orgullo; y con frecuencia luchamos para lograr que nuestro punto de vista prevalezca a toda costa.

Esto, a su vez, puede llegar a ser un obstáculo para que recibamos el mensaje de Dios, pues nuestros argumentos se podrían levantar para no aceptar el evangelio, con tal de defender nuestra posición personal; mientras la Palabra de Dios, en 2 Corintios 10.5, nos enseña que debemos hacer lo contrario: *"derribando* **argumentos y toda altivez que se levanta contra el conocimiento de Dios,** *y llevando cautivo todo pensamiento a la obediencia a Cristo".*

Estar dispuestos a aprender y reconocer la sabiduría de los demás es parte de la humildad, e inclusive es sabio y humilde renunciar a defender nuestro orgullo por medio de discusiones que no edifican, pero que sí lastiman y destruyen, y que sólo buscan el triunfo de la posición propia.

La soberbia genera rebelión en el corazón de los hombres, y hace que sus poseedores no sean íntegros en su actuar al envolverse en este tipo de cosas; y es necesario orar a Dios para que nos limpie de esto, como oró el salmista en el salmo 19, verso 13: **"Preserva también a tu siervo de las soberbias; Que no se enseñoreen de mí; Entonces seré íntegro, y estaré limpio de gran rebelión".**

Mirada altiva: Una de las cosas que a Dios desagrada en gran manera es la altivez de una mirada, como lo registra Proverbios 6.16-17: **"Seis cosas aborrece Jehová, y aun siete abomina su alma: Los ojos altivos,** *la lengua mentirosa, las manos derramadoras de sangre inocente".* Y es que, nuestra mirada refleja lo que hay en nuestro interior, los sentimientos; porque *nuestros ojos son como la fuerza y el lenguaje del alma* (como alguien dijo por ahí), y una mirada altiva refleja menosprecio y sentido de superioridad frente a los demás.

La altivez se puede observar en el rostro de las personas, como enseña Salmos 10.4: **"El malo, por la altivez de su rostro, no busca a Dios;** *No hay Dios en ninguno de sus pensamientos".* Esto desagrada al Señor, y hay un mal fin para quien es de mirada altiva, como nos muestra el profeta Isaías en la cita bíblica 2.11: **"La altivez de los ojos del hombre será abatida, y la soberbia de los hom-**

bres será humillada; y Jehová solo será exaltado en aquel día".

Rechazar la Palabra de Dios para creer otras cosas: Otra actitud que implica soberbia es resistirse a aceptar la Palabra de Dios, y en su lugar aceptar algo como la imaginación del corazón humano.

Es común encontrar a personas (incluso a buenas personas) que toman como verdaderas para sí ciertas creencias, a pesar de saber que éstas se encuentran en contra de la Palabra de Dios. Tal actitud es una resistencia al mandamiento proveniente del Señor, y no al mandato de un ser humano; y esto no trae consigo nada bueno, como dice Dios por medio del profeta Jeremías, en la cita 13.9-10: *"Así ha dicho Jehová: Así haré podrir la soberbia de Judá, y la mucha soberbia de Jerusalén. Este pueblo malo, que no quieren oír mis palabras, que andan en las imaginaciones de su corazón, y se fueron en pos de dioses ajenos para servirles, y para adorarles, vendrá a ser como este cinto, que para ninguna cosa es bueno".*

El orgullo puede tomar una forma sutil, que nos lleve a posiciones que parezcan espirituales y sabias, pero que en verdad no son así porque carecen de armonía con la Palabra de Dios. Un ejemplo común de esto es la posición tomada por algunas personas que piensan que *cuando las cosas son la voluntad de Dios, ellas deben llegar a ellos, y no necesitan movilizarse para obtenerlas*; y es por causa de esta equivocación que encontramos personas valiosas que se han quedado esperando a que el universo se mueva para traerles lo que desean, como una esposa o un mejor trabajo; renunciando a ir en busca de lo deseado por estar basados en una *doctrina* que ni ellos mismos saben de dónde salió, porque la verdadera voluntad del Señor es que busquemos lo que anhelamos (Lucas 11.9: *"Y yo os digo: Pedid, y se os dará; buscad, y hallaréis; llamad, y se os abrirá"*).

> *A un vehículo estacionado le servirá de muy poco tener un timón para ser dirigido.*

Es cierto que hay algunas ocasiones para estar quietos, esperando la respuesta de Dios, pero también muchos momentos en que lo requerido de nuestra parte es actuar. Nos sucede como a Moisés a veces, quien oraba a Dios frente al mar mientras que lo que debía hacer era actuar para abrir paso en medio del mar al pueblo de Israel; por lo cual el Señor le amonestó para que marchara, como vemos en Éxodo 14.15-16: *"**Entonces Jehová dijo a Moisés: ¿Por qué clamas a mí? Di a los hijos de Israel que marchen. Y tú alza tu vara, y extiende tu mano sobre el mar, y divídelo; y entren los hijos de Israel por medio del mar en seco"*.

Lo peor de toda esta situación es que, mientras rechazamos la palabra de verdad, permanecemos con nuestras *doctrinas personales* y perdemos tiempo valioso, porque nuestra vida no deja de gastarse mientras que esperamos pasivamente aquello que deberíamos estar buscando.

Confundimos en ocasiones la doctrina verdadera de Dios, y creemos cosas erróneas, como que nuestra confianza en Él se trata de *no hacer nada* y de *esperar a que todo nos llegue servido a la mesa*. Olvidamos cosas tan esenciales como que solamente se puede dirigir algo que se encuentra en movimiento, porque mientras que un vehículo permanezca estacionado le servirá de muy poco tener un timón para ser dirigido; y pensamos que Dios nos dirigirá mientras nos quedamos quietos y sin intención de actuar.

Hay cristianos que quieren mostrar *mayor fe* que la que tuvo el padre de la fe, Abraham; pues mientras el patriarca envió a su sirviente para que *buscara* esposa para su hijo Isaac (Génesis 24.1-4), estos cristianos piensan que no necesitan ir en busca de nada y que *si es la voluntad de Dios, todo llegará a ellos*.

El enemigo de nuestra alma desea

> *Nuestro enemigo desea encerrarnos en una fortaleza, que nos impida movilizarnos para alcanzar las promesas de Dios.*

crear una fortaleza a nuestro alrededor, que nos impida movilizarnos para alcanzar las promesas de Dios, y en ocasiones ésta se encuentra construida a partir de falsas *doctrinas*. Muchos israelitas, cuando llegó el momento de ser libertados del yugo egipcio por mano de Moisés, se encontraban *aprisionados* en una fortaleza de quietud y aparente bienestar, construida a partir de pescados, pepinos, melones, verduras, cebollas y ajos (Números 11.5); y no comprendían que Dios necesitaba que ellos se movilizaran hacia la tierra de su verdadera bendición.

Necesitamos saber que nuestro enemigo quiere mantenernos quietos dentro de una fortaleza y que, si se lo permitimos, él lo hará sin tregua hasta el último de nuestros días.

Ofender, hacer burla o avergonzar a los demás: Provocar que las demás personas se sientan avergonzadas nos hace ser llamados *escarnecedores* o *burladores*. Esta es una práctica vista como algo común y hasta digno de aplausos para algunos; pero se constituye en una actitud soberbia, especialmente cuando se efectúa hacia el pueblo de Dios.

Muchas personas admiran la capacidad que poseen otros para avergonzar a los demás por medio de sus bromas pesadas, pero afrentar y engrandecerse contra alguien es un acto lleno de soberbia.

Afrentar una persona es pasar por encima de la dignidad del ser humano, y por encima de las personas que le aman y que se duelen con lo que le sucede; pero, sobre todo, es pasar por sobre el mandamiento de Dios que nos pide amar y respetar a nuestros semejantes. Quienes persisten en este tipo de prácticas están expuestos a ser desechados por Dios, y a dejar de existir como sucedió a Sodoma y Gomorra, como vemos en Sofonías 2.9-10: *"Por tanto, vivo yo, dice Jehová de los ejércitos, Dios de Israel, que Moab será como Sodoma, y los hijos de Amón como Gomorra; campo de ortigas, y mina de sal, y asolamiento perpetuo: el remanente de mi pueblo los saqueará, y el resto de mi gente los heredará.* **Esto les vendrá por su soberbia, porque afrentaron** *y se engrandecieron contra el pueblo de Jehová de los ejércitos".*

Independencia de Dios: La soberbia también se manifiesta por medio de la autosuficiencia humana, que consiste en dejar de lado la dependencia de Dios, y lleva al hombre a vivir sin contar con la voluntad de su Creador.

Incluso las decisiones más simples pueden traer grandes consecuencias.

Nos creemos dueños y señores de nuestra vida, y nos parece cosa ligera decidir aceleradamente, no teniendo en cuenta que incluso las decisiones más simples pueden acarrear grandes consecuencias para nosotros.

Para muchos, decisiones *tan simples* como girar a la derecha o a la izquierda en una esquina, o salir de casa antes o después de lo acostumbrado, han sido determinantes y les han cambiado la vida por completo. Quienes han visto sus vidas ser guardadas por cuestión de segundos o centímetros saben a qué me refiero; sin embargo, en ocasiones decidimos sin consultar a Dios, lo cual eventualmente es parte de una actitud soberbia frente a aquel que nos ha extendido la mano sin reservas, para guiarnos y protegernos; y tal soberbia trae consigo una justa amonestación.

Nuestra vida es *"neblina que pasa por un poco de tiempo"*, y debemos depender completamente de Dios en cada decisión y considerarlo como soberano en toda situación; esta es la enseñanza que encontramos en la epístola universal de Santiago, capítulo 4 y versículos 13 al 16: *"¡Vamos ahora! los que decís: Hoy y mañana iremos a tal ciudad, y estaremos allá un año, y traficaremos, y ganaremos; cuando no sabéis lo que será mañana. Porque ¿qué es vuestra vida? Ciertamente es neblina que se aparece por un poco de tiempo, y luego se desvanece. En lugar de lo cual deberíais decir: Si el Señor quiere, viviremos y haremos esto o aquello. Pero ahora os jactáis en vuestras soberbias. Toda jactancia semejante es mala".*

Falta de sujeción y de reconocimiento hacia la autori-

dad: El desconocimiento de la autoridad, en especial hablando de las autoridades que Dios mismo instituyó al interior de su iglesia, es una práctica comúnmente hallada en personas orgullosas. *"Nadie me manda", "Ellos son peores que yo", "Yo me mando solo", "No necesito de ellos"*; son algunas de las respuestas frecuentes de ciertas personas ante el llamado a la obediencia y el orden, por medio de lo cual rechazan a los poderes superiores, y tristemente en muchos casos a las instituciones divinas establecidas para su propia bendición y dirección.

La soberbia hace que las personas desconozcan a quienes son enviados de parte de Dios, y por ende que dejen de recibir la palabra sanadora que les ha sido enviada. Por la soberbia del ser humano, muchos de los profetas y el mismo Señor Jesucristo, no fueron reconocidos como autoridades de parte de Dios e instrumentos para bendición, sino que por el contrario les rechazaron, cometiendo un gran error.

Por tanto, es necesario sujetarnos a las personas que nos dirigen, como nuestros pastores y líderes de diversos ministerios dentro de nuestra congregación, nuestros padres, jefes laborales y autoridades gubernamentales, porque esta es la voluntad de Dios al haberles constituido (Romanos 13.1: *"Sométase toda persona a las autoridades superiores;* **porque no hay autoridad sino de parte de Dios, y las que hay, por Dios han sido establecidas"**).

El profeta Jeremías fue desconocido en algún momento por parte de los soberbios del pueblo de Israel, por lo cual dejaron de recibir el consejo y el mandamiento de Dios para sus vidas, el cual a su vez los podía llevar por el camino de la bendición y la victoria, como vemos en Jeremías 43.2: *"dijo Azarías hijo de Osaías y Johanán hijo de Carea,* **y todos los varones soberbios dijeron a Jeremías: Mentira dices; no te ha enviado Jehová nuestro Dios para decir: No vayáis a Egipto para morar allí"**.

Carecemos de humildad cuando cerramos el corazón para no recibir el consejo de Dios por medio de los demás, privándonos de recibir grandes respuestas que en nuestro interior anhelamos; porque las otras personas tienen palabras que nos pueden bendecir grandemente, y esto es así porque lo determinó el Señor al hacernos un cuerpo en el cual todos nos necesitamos (1 Corintios 12.21: *"Ni el ojo puede decir a la mano: No te necesito, ni tampoco la cabeza a los pies: No tengo necesidad de vosotros"*).

> *Quienes no reciben consejos de otros, dejan de recibir respuestas que anhelan.*

Sin embargo, la autosuficiencia que se origina en nuestro orgullo nos impide buscar, y aun recibir, las razones y consejos de los demás; por lo cual hay muchas soluciones que no encontramos, y que pueden ser mucho más simples y cercanas de lo que pensamos. Incluso, hay personas que ni siquiera conocen a Dios, pero tienen cosas valiosas para aportar a nuestras vidas, y sólo la humildad estará dispuesta a escucharles, aunque alguna de ellas parezca ser el más *insignificante* de los mortales.

Siempre será más sabio el humilde que el soberbio, y en gran parte será así porque está dispuesto a oír y recibir.

Compararse con los demás: Cuando al interior de nuestro corazón nos comparamos con los demás físicamente, económicamente, espiritualmente o de cualquier otra manera, estamos siendo orgullosos; porque dicha necesidad de ser comparados parte de una dañina intención de sobresalir y confirmar que *somos mejores que otros*, y esto es orgullo.

La túnica de José le hacía sobresalir frente a sus hermanos; y, aunque no está mal usar un buen vestido, si la intención al usarlo es compararnos y *ser superiores a los demás*, esto deja de ser un simple vestir para convertirse en orgullo.

> *Dios trabaja en nuestros hermanos, aunque ellos tampoco son perfectos todavía.*

Una de las más dañinas consecuencias del orgullo es que nos convierte en jueces de nuestros hermanos, calificando su nivel espiritual frente al concepto que hemos creado de nosotros mismos, pues nos consideramos *mejores y más merecedores de las bendiciones de Dios que ellos.*

Necesitamos entender que Dios trabaja en nuestros hermanos, aunque ellos no son perfectos todavía, al igual que nosotros; y, el hecho de que los demás no estén listos aún para muchas cosas, no quiere decir que nosotros seamos superiores o que merezcamos mayor atención de parte de Dios por *nuestra gran santidad* (1 Pedro 5.8-10: *"Sed sobrios, y velad; porque vuestro adversario el diablo, como león rugiente, anda alrededor buscando a quien devorar; al cual resistid firmes en la fe,* **sabiendo que los mismos padecimientos se van cumpliendo en vuestros hermanos en todo el mundo.** *Mas el Dios de toda gracia, que nos llamó a su gloria eterna en Jesucristo, después que hayáis padecido un poco de tiempo, él mismo os perfeccione, afirme, fortalezca y establezca"*).

Vanagloriarse: La vanagloria, o tener un concepto de nosotros mismos superior al adecuado, es presunción; y es otra de las actitudes que tienen un alto contenido de orgullo (Proverbios 21.24: **"Escarnecedor es el nombre del soberbio y presuntuoso Que obra en la insolencia de su presunción"**).

Hablar bien de nosotros mismos, no siempre pero en muchas ocasiones, va acompañado de este ingrediente de presunción, y no es agradable ante Dios ni ante el prójimo, ni es bueno para nosotros. Darse gloria a sí mismo no es verdadera gloria, y es contrario al mandato de Dios acerca de que debemos ser alabados por la boca de los demás y no por la nuestra (Proverbios 27.2: **"Alábete el extraño, y no tu propia boca; El ajeno, y no los labios tuyos"**).

Proferir palabras ofensivas contra Dios: Esta es otra de las actitudes que podemos tener los seres humanos al contar con soberbia: proferir palabras violentas contra Dios, como decir que *"no es útil servir y temer a Dios"*, lo cual es un claro *renegar* frente a las respuestas que recibimos del Señor. Respecto de este tipo de declaraciones de nuestra parte, vemos la respuesta de Dios en Malaquías 3.13-14: *"Vuestras palabras contra mí han sido violentas, dice Jehová. Y dijisteis: ¿Qué hemos hablado contra ti? Habéis dicho: Por demás es servir a Dios. ¿Qué aprovecha que guardemos su ley, y que andemos afligidos en presencia de Jehová de los ejércitos?".*

¿Dios está conmigo si soy imperfecto?

Lleno de temor y ansiedad, el pequeño Juan Jerónimo lucha por no quedarse dormido, mientras pregunta a papá y mamá si ellos estarán allí con él cuando despierte.

Sus padres descubren que el origen de tal pregunta está en que el día de hoy, mientras parecía jugar distante, Juan les escuchó comentar (a sus padres) sobre la noticia nacional de un grupo de niños que fueron abandonados por su papá.

El pequeño no quiere por ningún motivo que esto le suceda a él, y su temor se agrava porque sabe que en este día su comportamiento no ha sido el mejor al hacer enojar mucho a mamá.

Le pregunta a su madre si ella le ha dejado de amar por causa de su desobediencia, a lo que ella responde: "Aunque no siempre haces lo que yo quiero, yo siempre te quiero. No siempre te portas conmigo como mi hijo... pero lo eres... y yo te amo".

Así, luego de la respuesta de mamá, por fin Juan Jerónimo se encuentra listo para dormir; porque algo era necesario escuchar para que su alma, más que su cuerpo, pudiera descansar: que cuenta con un amor fiel, que siempre ha estado y ha prometido siempre estar; incluso hoy que ha fallado, y también mañana... al despertar.

> *Tenemos cosas por cambiar y debemos ser mejores, pero Dios no nos ha dejado.*

Al igual que Juan Jerónimo, creo que todos alguna vez hemos sentido que, por las muchas faltas que cometemos, Dios no va a estar más con nosotros. Sin embargo, al igual que la respuesta de la madre de Juan para él, la respuesta de Dios para nosotros está cargada de amor y perdón cuando nos reconocemos necesitados e indignos delante de Él.

Es verdad que tenemos muchas cosas por cambiar y debemos ser cada día mejores, pero tan cierto como eso es que Dios no nos ha dejado a pesar de nuestras imperfecciones; aunque debe ser totalmente claro que esto no se trata de un llamado a pecar deliberadamente y sin límites, sino a comprender que somos llevados con amor por un proceso de formación en el cual, al equivocarnos, nos preguntamos inevitablemente: *"¿Continúa Dios a nuestro lado?"* Y la respuesta es: ¡Sí!

Ciertamente José se portó de manera altiva, y el Señor no está cerca de quien tiene altivez en su corazón (Salmos 138.6). Sin embargo, esto no necesariamente significa que Dios abandone al altivo, sino que en muchos casos pone sus ojos sobre él (aunque de lejos) para hacer una obra en su vida, que le lleve a ser humilde y a estar cerca de su Creador. Tal declaración encuentra su sustento en Nehemías 9.16-17, que manifiesta que Dios no abandonó al pueblo de Israel a pesar de su soberbia y dureza (de la misma manera que no lo hizo con José, ni lo hará con nosotros), como vemos a continuación:

Dios está hoy con nosotros, por encima de las circunstancias negativas que vemos.

"Mas ellos y nuestros padres fueron soberbios, y endurecieron su cerviz, y no escucharon tus mandamientos. *No quisieron oír, ni se acordaron de tus maravillas que habías hecho con ellos; antes endurecieron su cerviz, y en su rebelión pensaron poner caudillo para volverse a su servidumbre.* **Pero tú eres Dios que perdonas, clemente y piadoso, tardo para la ira, y grande en misericordia, porque no los abandonaste".**

Es verdad que José necesitaba formación, y es cierto que tenía muchas cosas que aprender. No estuvo bien contar sus sueños a sus padres y hermanos de manera arrogante, así como no estuvo bien hacer y decir muchas otras cosas en el pasado, seguramente. Muchas equivocaciones tuvo José, pero tenía algo grandioso a favor: ¡Dios estaba con él! (Génesis 39.2: *"Mas Jehová estaba con José, y fue varón próspero; y estaba en la casa de su amo el egipcio"*).

Sí, a pesar de que se equivocaba, y aunque parecía que la desgracia lo perseguía para *hacer justicia* (haciéndole esclavo y luego preso), Dios estaba con José; así como está hoy con nosotros, por encima de las circunstancias negativas que vemos a nuestro alrededor.

Muchos piensan que un hombre o mujer de Dios no puede tener dificultades, sino que su vida debe ser un constante bienestar (y, en cierta forma, eso es verdad, porque *"a los que amamos a Dios todo nos ayuda para bien finalmente"*, como dice Romanos 8.28). Sin embargo, vemos cómo la vida de José parecía en descenso a los ojos de muchos, mientras que él se encontraba en realidad camino a ser exaltado por Dios.

Aun en medio de la esclavitud y la cárcel, Dios nunca olvidó el plan que tenía con la vida del hijo de Jacob; y, a pesar de que para los demás e incluso para él mismo parecía que iba de mal en peor, Dios sabía que se dirigía a ser el gran gobernador de la potencia económica del momento, de Egipto.

Dios tiene el control en nuestra historia (si así lo decidimos sometiéndonos a Él), desde el comienzo hasta el final; y está dispuesto a cumplir el bien que pensó, a pesar del dolor que podamos sentir durante el proceso.

Juan José estaba triste ayer al amanecer, porque mamá le había prometido que, la próxima vez que preparara su batido de la mañana, él sería el encargado de agregar el agua a la preparación; y a mami se le olvidó.

Sin embargo, el día de hoy, teniéndolo muy presente, mamá llama a Juan José para que, en el momento indicado, agregue este ingrediente al preparar su bebida; y toman el agua de un pesado tarro, que el pequeño se esfuerza por sostener, *mientras mamá hace prácticamente toda la fuerza que impide que el recipiente caiga al piso.*

Finalmente, Juan José, con gran felicidad, ha participado por primera vez de la preparación de su desayuno; y, abrazando a mamá lleno de alegría, puede celebrar un gran logro, que ha sido posible con tan sólo un poco de esfuerzo de su parte.

> *La parte que nosotros hacemos en todo este proceso es en verdad pequeña, al compararla con la que Dios hace.*

El pequeño Juan José me hace pensar en la obra de salvación y bendición que Dios hace en nuestras vidas; pues la parte que nosotros hacemos en todo este proceso es en verdad pequeña, al compararla con la que Dios hace, al haber padecido incluso en una cruz por nosotros; y es esto lo que yo llamo *un montón de gracia y misericordia acompañado de un toque de obediencia*; algo así como *un gran postre con una pequeña cereza en la cima*.

En la historia de José, y en la nuestra, hay que tener en cuenta ese par de *ingredientes* indispensables en la obra de Dios, y que son a la vez mis favoritos y los que hicieron que Dios permaneciera al lado de José: *gracia* y *misericordia*. Dos palabras cortas, pero esenciales en nuestra relación con el Creador.

Y es que, desde que Él se manifestó a nosotros por primera vez, nos reconocimos no merecedores de tal regalo, y exaltamos su favor y perdón; aunque, muchas veces, con el paso del tiempo, lo olvidamos y tratamos de *demostrar* por medio de nuestras obras que *somos dignos de Él, de su amor y atención*. Olvidamos, entonces, el principio de las cosas: *"Nosotros le amamos a Él, porque Él nos amó primero"* (1 Juan 4.19); sin razón verdadera en nosotros mismos, sino sólo en su gracia y en su misericordia.

A decir verdad, nadie merece nada de parte del Creador, porque todos le hemos fallado; pero, al recibir de Dios estos dos grandes regalos (gracia y misericordia) y actuar con fe, podemos tomar todo lo bueno que Él nos ha preparado; como hizo José, quien *escribió* la historia de su vida, no como el súper hombre que idealizamos al pasar ligeramente por el libro de Génesis, sino en condición de humano como nosotros, sintiendo pasiones similares a las que sentimos cuando somos tentados, necesitando por completo el favor de Dios.

En medio de una cruda realidad, estaba José; pero recibiendo gracia y misericordia, que son la verdadera confianza del que se sabe en deuda con el Creador, del que se acerca ante la Santidad sabiendo que lo más justo de sí es como un trapo sucio (Isaías 64.6).

José llegó a estar incluso en un lugar tan terrible como una cárcel; pero, aun allí, Dios, con su gracia y misericordia, no le abandonó; de la misma manera que no nos abandonará en medio de todo este difícil proceso de formación que estamos viviendo hoy (Génesis 39.21: *"**Pero Jehová estaba con José y le extendió su misericordia,** y le dio gracia en los ojos del jefe de la cárcel"*).

Dios no nos abandona, pero tampoco quiere que nos quedemos como estamos. Ahora, conozcamos la cura para nuestro mal.

La Cura de mi mal

3

Me pregunto:

Cuál es la cura para mi sufrimiento?

Un versículo para recordar:

"Antes que fuera yo humillado, descarriado andaba; Mas ahora guardo tu palabra
Salmos 119.67.

E l dolor es una de las cosas que más evitamos, pero también una de las que más nos llevan a acercarnos a Dios; por lo cual es muy usado por Él para sanarnos, para acercarnos a la verdadera fuente de nuestra sanidad: Jesucristo.

De la misma manera que nosotros enfrentamos duras situaciones en nuestro proceso de formación, que no son otra cosa que parte de *la cura* de nuestro mal, fueron varias las escenas difíciles que José tuvo que vivir al ser formado en la humildad, y que quedaron registradas en la Biblia para nuestra enseñanza.

Como nos sucede a nosotros, fueron muchos los momentos para que José se sintiera solo y desalentado; y, de éstos, a continuación presento algunos para nuestra reflexión.

Una prueba que va y vuelve

El día de hoy, el pequeño Juan José está muy enojado mientras que, camino al aeropuerto, descubre que la gorra que tanto quería llevar sobre su cabeza ha sido guardada en alguna de las maletas del equipaje, sin saber en cuál.

El pequeño Juan José llora con gran disgusto, porque su gran anhelo del día de hoy se ha visto frustrado; mientras papá y mamá le consuelan y dicen que "más tarde, al desempacar el equipaje, podrá usar su anhelada prenda".

El viaje no será lo mismo, porque el pequeño se había visualizado en el avión con su nueva gorra, lo cual sería una aventura emocionante; pero, ahora, los planes cambiaron por un error de papá y mamá.

Mientras tanto, yo, a la distancia, reflexiono acerca de que los seres humanos llegamos al mundo sin tan siquiera una mota de algodón pegada a nuestro cuerpo, pero en algún momento de nuestra vida el vestido se vuelve parte fundamental de nuestra imagen, y hasta un reflejo de nuestras más profundas creencias y de nuestra autoestima; y nos esmeramos en vestir bien y cómodos en cada ocasión.

Pienso, además, que una de las mayores vergüenzas para una persona, luego que Adán y Eva pecaran contra Dios en Edén y fueran abiertos sus ojos (Génesis 3.7), es ser despojada de su vestido; y esta cruda experiencia la sufrió José en dos ocasiones; una, por parte de sus hermanos llenos de odio; y otra, por la inescrupulosa mujer de Potifar; y esto representaba para él, no sólo la vergüenza de dejar descubierta su desnudez, sino la humillación de ser despojado de la indumentaria que indicaba su posición y dignidad ante la sociedad.

> *Lo valioso de la vida no es el vestido con el cual cubrimos el cuerpo, sino la esencia que vestimos con las paredes del corazón.*

¡Cómo nos duele perder la túnica que nos diferencia de los demás! ¡Cómo le duele a nuestro orgullo! Y es que, aunque el buen vestir no es algo malo, sí lo puede ser la intención con la cual nos vestimos, eventualmente; porque, como ya dijimos, una de las formas en que algunos alimentamos nuestro orgullo es el *vestir para sobresalir*.

Llegamos a sentirnos inferiores, o superiores, frente a los demás, por causa del traje que llevamos puesto, lo cual evidentemente es un error.

Ahora, pienso que si nos incomoda en ocasiones no llevar en nuestro cuerpo la ropa que nos gusta, como sucedió al pequeño Juan José al no poder usar su gorra camino al aeropuerto, no alcanzo a imaginar lo que sintió José al, no solamente perder su túnica de *Ralph Lauren,* sino quedar completamente desnudo y expuesto.

Y es que, para José fue necesario perder la apariencia que le hacía *sobresalir* frente a sus hermanos, para que su orgullo comenzara a desvanecer desde ese momento y en adelante; tomando como lección inicial que lo valioso de la vida no es el vestido con el cual cubrimos nuestro cuerpo, sino la esencia que vestimos con las paredes de nuestro corazón (Génesis 37.23: *"Sucedió, pues, que cuando llegó José a sus hermanos, ellos* **quitaron a José su túnica,** *la túnica de colores que tenía sobre sí"*).

Una situación difícil y recurrente en nuestra vida, puede estar relacionada con algo que necesitamos cambiar.

Ahora, hay pruebas que se repiten en nuestra vida, que regresan a nosotros una y otra vez, porque, quizás, en las veces anteriores en que nos confrontaron, no salimos aprobados por causa de la actitud que tomamos, y fuimos vencidos; motivo por el cual hoy seguimos siendo formados. Precisamente, de eso se trata el éxito de la formación de Dios en nosotros; de que, un día, al ser probados en las situaciones que debemos vencer, podamos salir vencedores, actuando según la voluntad de Dios.

Por su parte, José se vería enfrentado por segunda vez a esta difícil situación de perder su vestido, y en esta nueva oportunidad el ataque vendría, no de sus hermanos, sino de una inescrupulosa mujer, la esposa de Potifar, quien fuera su amo en la esclavitud (Génesis 39.12: *"Y ella lo asió por su ropa, diciendo: Duerme conmigo.* **Entonces él dejó su ropa en las manos de ella, y huyó y salió"**).

Cuán amargos recuerdos llegaban a José al perder de nuevo su vestido; parecía que estaba destinado a la vergüenza, porque justamente cuando las cosas iban bien y su jefe Potifar había depositado en él su confianza, llegaba la tentación a tocar la puerta y a hacerle una mala jugada.

Esta situación recurrente en la vida del hijo de Jacob, me lleva a pensar que, cuando identificamos una situación difícil que es frecuente en nuestra vida, puede ser que estemos encontrando algo que necesitamos superar, una prueba que no hemos logrado dominar; y, debemos saber que, la próxima vez que se presente será nuestra gran oportunidad para vencerla, y poder así pasar a un siguiente nivel de excelencia de la mano de Dios.

Defraudado aun por mis seres queridos

El día de hoy es muy especial para Juan Jerónimo, quien se alista aceleradamente para ir en busca de la primera mascota de su vida.

Son varios días durante los cuales el pequeño, de manera insistente, ha estado pidiendo este anhelado regalo a papá y mamá; y es que, su amigo Gabriel ha recibido de cumpleaños un hermoso Golden Retriever, que se ha convertido en el centro de atención del grupo de amigos, por lo cual su interés por tener un cachorro se ha despertado rápidamente.

Juan Jerónimo despertó muy temprano esta mañana, para ir en busca de su nuevo compañero de juegos; y, mientras va en el vehículo de mamá hacia la tienda de mascotas, piensa que la velocidad es insuficiente frente a las ansias de llegar a tan anhelado encuentro.

Al llegar a la tienda, por fin, encuentra una gran cantidad de cachorros de diversas razas, entre los cuales tendrá que decidirse por uno en particular.

Todos aquellos pequeños canes tienen en común el deseo desesperado de ser llevados a un nuevo hogar, lleno de juegos y mimos; lo cual declaran por medio de sus elevados saltos y del acelerado movimiento de sus colas, ante los visitantes de la tienda. Sin embargo, Juan Jerónimo tendrá que decidirse sólo por uno de ellos, lo cual él mismo entiende; y, sin muchas dudas, se mueve para asir a su cuerpo a aquel pequeño Pastor Alemán de ojos apagados, que es estrujado por los fuertes movimientos de sus compañeros de espera.

Al observar aquellos cachorros ansiosos, a la espera de alguien que pague por su *rescate*, pienso en José. Pienso en lo que pudo sentir el hijo de Jacob en el momento en que se fijó precio de venta para su vida, como si fuera una mascota, o algo así; y pienso, además, en qué significó para él que este precio fuera fijado por su propia familia.

Me pregunto, ¿qué puede sentir una persona que es vendida a un desconocido, en contra de su voluntad? Y en la respuesta encuentro un contraste total entre la alegría de una mascota vendida, que encuentra un nuevo hogar; y la tristeza de un ser humano, al ser privado de su libertad y salir de su casa en contra de su voluntad; y este último era el caso de José.

Era demasiado en sí mismo todo lo que José había vivido, al ser despojado de su traje y ser maltratado por sus hermanos; pero, como si esto fuera poco, también sería vendido como esclavo.

Luego de la desnudez, imagino lo que pudo sentir José al *serle puesta una etiqueta con precio de venta en la oreja*, como si fuera un objeto más en medio de una tienda de accesorios para el hogar; con lo cual, José sabía que las cosas no estaban por mejorar en su futuro, sino todo lo contrario.

Las motivaciones de los que nos hacen daño pueden ser muchas, pero sobre ellas prima la intención de Dios al permitirlo.

A decir verdad, en ocasiones nos sucede que, al pensar que ya no puede ser más difícil nuestra situación, es justo allí cuando vemos que sí había algo peor por venir, y que evidentemente sí podía ser peor nuestra condición; y esto era precisamente lo que estaba viviendo el hijo de Jacob, para quien el panorama se estaba poniendo cada vez más oscuro (Génesis 37.28: *"Y cuando pasaban los madianitas mercaderes, sacaron ellos a José de la cisterna, y le trajeron arriba, **y le vendieron a los ismaelitas por veinte piezas de plata.** Y llevaron a José a Egipto"*).

Ahora, las motivaciones de las personas que nos hacen daño pueden ser muchas, pero sobre ellas prima la intención soberana al permitir lo que nos sucede.

No hay ningún mal en nuestro Dios al proceder, y no era la envidia lo que motivaba al Creador para permitir que José fuera vendido, aunque de manera contraria sí fuera este sentimiento el que movía a los hermanos de José (Hechos 7.9: *"Los patriarcas, **movidos por envidia, vendieron a José** para Egipto; pero Dios estaba con él"*).

Dios, para cumplir los sueños de José, permitió que él padeciera por mano de aquellos cuya intención era acabar con dichos sueños, sus propios hermanos, como vemos en Génesis 37.20: *"Ahora pues, venid, y matémosle y echémosle en una cisterna, y diremos: Alguna mala bestia lo devoró; **y veremos qué será de sus sueños**"*.

Dios está al tanto y en control de toda situación; y nosotros debemos ver el lado espiritual de lo que nos sucede, no concentrándonos en la parte material que perciben nuestros sentidos, porque la esencia real de las cosas que vemos está en lo que no podemos ver (1 Corintios 2.14: ***"Pero el hombre natural no percibe las cosas que son del Espíritu de Dios, porque para él son locura; y no las puede entender, porque se han de discernir espiritualmente"***).

Ciertamente, necesitamos que nuestra visión no se limite a las cosas naturales; pues, si queremos alcanzar grandes victorias en Dios, debemos mirar el lado espiritual de nuestras batallas.

De príncipe a esclavo

Ha llegado de nuevo la noche, y con ella la hora de ir a la cama; no sin antes continuar con la lectura de la Biblia para niños, que mami regaló a Juan Martín. Ha llegado la hora de conocer que su Dios, del cual mamá le habla desde antes de salir de su vientre, es un poderoso libertador; y que lo demostró así por medio de su liberación al pueblo de Israel (del cual proviene nuestra fe), luego de que estuviera bajo el dominio de

Egipto por muchos años, mucho tiempo atrás.

Fue una aventura emocionante para Juan Martín saber que Dios hizo todas las cosas que hoy puede ver y sentir; también, fue asombroso escuchar la historia de grandes hombres como Abraham, Noé y José; y, ahora, está oyendo la historia de la salida del pueblo de Israel de Egipto, al ser liberado de la esclavitud por mano de Moisés.

Luego de escuchar y meditar, el pequeño pregunta: "Mami, ¿qué es un esclavo?".

Y, bueno, el término no es nada fácil de explicar a un niño, pero en palabras de mamá: "Esclavo, es alguien que tiene que hacer lo que otra persona le dice, y no es libre para hacer lo que quiere".

El pequeño guarda silencio por unos segundos, y replica preguntando: "Mamá, ¿yo soy tu esclavo?".

Mamá, sonriendo, responde: "Tú ahora haces lo que yo te digo, porque Dios me entregó la responsabilidad de enseñarte y prepararte, para que un día tomes tus propias decisiones y puedas vivir la libertad que tienes. La relación entre tú y yo es de amor, mientras que un esclavo está con su amo por obligación. Eres libre, pero debes ser obediente con papá y mamá".

La esclavitud es tal vez una de las condiciones más degradantes que un ser humano puede experimentar. Perder la capacidad de decisión y la libertad de manera permanente, es suficiente razón para que alguien piense en renunciar a sus sueños personales y a toda ilusión que haya podido concebir; más aún, después de haber tenido todo, como José, que venía de ser el hijo preferido en casa, y descendiente de los grandes patriarcas de la fe.

Es difícil creer que el plan de Dios para nosotros se pueda estar cumpliendo cuando perdemos la libertad, cuando se esclaviza junto con nosotros a nuestros sueños e ilusiones.

Ya José, al ser hecho un esclavo, ni siquiera tenía la capacidad de tomar una decisión que le permitiera retomar el rumbo hacia sus anhelos, e incluso se desvanecía toda posibilidad de regresar a casa, lo cual de seguro anhelaba. Sin embargo, esta situación, difícil de aceptar y entender, era necesaria para que se cumpliera el plan de Dios en su vida, y en el pueblo de Israel también (Génesis 37.36: *"Y los madianitas **lo vendieron en Egipto a Potifar**, oficial de Faraón, capitán de la guardia"*).

Es posible que nos hayamos sentido sometidos a esclavitud en muchas ocasiones. Un pecado oculto, un mal hábito, algo que domina nuestro ser y de lo cual nos sentimos esclavos, algo que nos hace pensar que vivimos el final de todo para nosotros; y, sin embargo, es allí donde se presenta una gran oportunidad de que Dios se glorifique en nuestras vidas.

> *Nuestra esclavitud es la gran oportunidad para pedir y permitir a Dios que glorifique su nombre por medio de nuestras vidas.*

No es cosa maravillosa que un príncipe pase a ocupar el trono que ha sido preparado de antemano para él, pero sí lo es que alguien pase de ser un esclavo a ser el gran gobernador de un país. Eso sí que tiene gran mérito, y demuestra que la mano de Dios intervino; y, es por esto que, nuestra *esclavitud* es la gran oportunidad para pedir y permitir a Dios que glorifique su nombre en nosotros.

No desmayemos, pues, aunque nos sintamos en medio de la esclavitud; porque Dios tiene todo poder para romper cualquier cadena que nos tenga atados, y cada cosa a su tiempo hará Él, por su gracia y por el gran amor que nos tiene.

Mis justas razones no son escuchadas

Esta mañana, Juan José no desea ir al jardín infantil, donde hace varios meses comenzó a asistir por disposición de sus padres. El pequeño argumenta que "su profesora le ha golpeado", por lo cual no quiere ir el día de hoy.

Su madre, con la sabiduría que entiende que lo dicho por el niño puede ser verdad, o no, planea hablar con la profesora; por lo cual, al llevar a Juan José al jardín, se acerca a ella.

Delante del pequeño, y de manera amigable y prudente, manifiesta a la docente lo que su hijo ha dicho, a lo cual la acusada responde que "no le pegó, sino que le amonestó por causa de un mal comportamiento".

La madre de Juan José pregunta al pequeño si esto es verdad; a lo cual él, cabizbajo, responde: "Sí...".

Juan José recibió una buena lección para su vida esta mañana, aprendiendo que debe decir la verdad a pesar de que, en ocasiones, prefiera que ésta sea diferente o que quede oculta. Mientras tanto, gracias a la sabiduría de su madre, aquella profesora contó con la valiosa oportunidad de mantener limpio su buen nombre; oportunidad con la que algunos eventualmente no cuentan, como sucedió a José en casa de Potifar.

El joven de la túnica de colores fue calumniado, por una mujer sin escrúpulos; y a la cárcel fue a parar, sin que sus justos argumentos fueran considerados, como relata Génesis 39.14-20:

"llamó a los de casa, **y les habló diciendo: Mirad, nos ha traído un hebreo para que hiciese burla de nosotros. Vino él a mí para dormir conmigo, y yo di grandes voces; y viendo que yo alzaba la voz y gritaba, dejó junto a mí su ropa, y huyó y salió.** *Y ella puso junto a sí la ropa de José, hasta que vino su señor a su casa. Entonces le habló ella las mismas palabras, diciendo: El siervo hebreo que nos trajiste, vino a mí para deshonrarme. Y cuando yo alcé mi voz y grité, él dejó su ropa junto a mí y huyó fuera. Y sucedió que cuando oyó el amo de José las palabras que su mujer le hablaba, diciendo: Así me ha tratado tu siervo, se encendió su furor. Y tomó su amo a José, y lo puso en la cár-*

cel, donde estaban los presos del rey, y estuvo allí en la cárcel".

Sin embargo, algo estaba haciendo Dios por medio de esta difícil situación.

Luego de haber escapado desnudo de las manos de aquella perversa, podía parecer que el momento de esta prueba ya había pasado para José; sin embargo, algo le advertía que no sería así. La primera vez que José fue despojado de sus ropas, vino tras esto algo más grave para su vida, al pasar a ser un esclavo; por lo cual, el recuerdo y la experiencia le indicaban que algo peor podría estar por venir… y tenía razón. José no sólo sería desnudado esta vez y, en lugar de ser vendido como esclavo, ahora pasaría a formar parte del grupo de señalados por la justicia como *indignos de confianza*, como *culpables*, al ser llevado a prisión.

¿Esta vez qué pasó, Señor? ¿Por qué permitiste que José fuera llevado a prisión? ¡José hizo lo correcto!

> *Dios con sus manos nos acaricia, pero también aprieta y cambia nuestra forma.*

Es cierto, José obró correctamente, pero todavía necesitaba aprender y ser formado por medio de esa *extraña* obra de Dios, quien con sus manos acaricia y consuela, pero también aprieta y cambia la forma de ese duro barro que a veces somos. ¡Y cómo nos duele ser cambiados mientras nos resistimos! ¡Cuán duro es hasta que tomamos la forma necesaria!

Sabernos justos mientras nos señalan no es una situación cómoda, y es lo que enfrentaba José, quien estaba siendo señalado nada menos que como *un abusador sexual*; sin embargo, aunque José todavía no lo sabía, todo estaba preparado para que, de la cárcel, pasara a lo que él conocería un día como *el comienzo del cumplimiento de sus sueños*, de aquellos que Dios le había dado mucho tiempo atrás y que posiblemente ya ni recordaba, como puede estar sucediéndonos hoy a nosotros, en medio de la prueba.

Preso de la injusticia

Siempre ha visto ese par de pajarillos blancos, dentro de aquella jaula metálica que cuelga del árbol de acacia, en medio del jardín; pero sólo hasta hoy reflexiona en que esto sucede mientras que hay cientos de aves volando libres en el cielo, y entonces pregunta a mamá "por qué estos dos están allí encerrados".

Con la pregunta lógica del pequeño Juan Jerónimo, mamá se queda atónita; careciendo de una respuesta convincente para su hijo de escasos años de edad, sobre la conveniencia de que los dos pajarillos se encuentren dentro de aquella jaula, que ha sido su hogar durante el último año.

Ante la mirada expectante de Juan, mamá decide que ha llegado la hora de dar libertad a estos dos presos que tanto han alegrado las mañanas con sus cantos todo este tiempo, y explica a su pequeño hijo que "la libertad es un don de Dios, y no debe ser quitada a ningún ser que de manos del Creador la haya recibido".

La cara del niño muestra gran asombro, al pensar que dejará de ver a Tommy y a Lauren (como él los llama), y que dejará de oír sus cantos al amanecer; pero, finalmente, asiente al hecho de dar libertad a quienes nunca debieron perderla.

La libertad es un derecho fundamental que nos dignifica, a los humanos y a los animales que Dios creó para ser libres; y se constituye en un precioso haber del hombre, necesario para que su alma pueda soñar y volar tras sus sueños. Es por este motivo que, uno de los síntomas encontrados en una persona que carece de libertad física y/o espiritual, es la pérdida de la capacidad de soñar; como sucedió a los israelitas cautivos en Babilonia, quienes reconocían que sólo sería posible volver a tener sueños cuando recuperaran su libertad, según leemos en el salmo 126, verso 1: ***"Cuando Jehová hiciere volver la cautividad de Sion, Seremos como los que sueñan".***

> *Uno de los síntomas de la falta de libertad, es la pérdida de la capacidad de soñar.*

Nos resulta fácil leer toda la historia de José en pocos minutos y, rápidamente y en pocos versículos, le vemos pasar de la esclavitud a la cárcel, al leer en Génesis 39.20: *"Y tomó su amo a José, **y lo puso en la cárcel, donde estaban los presos del rey,** y estuvo allí en la cárcel";* pero eso no significa que la duración de la prueba sufrida por José haya sido tan corta para él mientras la vivía.

Nos cuesta ponernos en el lugar de los demás; y, será por esto que, en ocasiones, damos poco valor a las victorias de otras personas; será por este motivo, también, que nos resulta fácil juzgar a quien es probado, cuando cae o se queja con tristeza ante su Creador; será por esto, seguramente, que Job no encontró en sus mejores amigos y personas más cercanas un apoyo para proseguir, cuando vivía su prueba.

Sin embargo, y aunque alguno quisiera ser comprensivo y ponerse en nuestro lugar, ¡a veces la formación de Dios es tan dura, que nadie puede entendernos!

De hecho, en ocasiones, ni nosotros mismos creemos haber vivido, o estar viviendo, las cosas que pasamos; y esto, a su vez, nos testifica que hemos recibido una fuerza sobrenatural de parte de Dios, por medio de la cual ha sido posible soportar.

En el pasaje bíblico mencionado anteriormente (Génesis 39.20), hay algo poderoso para ver, además. Allí está la razón por la cual José debía ser esclavo de un funcionario del rey (Potifar), porque luego, en la cárcel, debía estar entre *los presos del rey*, y no en otro grupo; para, allí, encontrarse con el copero del gobernante máximo de la nación, quien a su vez sería el encargado de presentarle posteriormente ante Faraón. Evidenciamos, por tanto, una vez más, por medio de esto, que en el plan de Dios se entretejen perfectamente cada una de las situaciones que nos acontecen; porque aquí no existen coincidencias, sino un plan perfecto; y todo, al final, será para nuestro bien, si sabemos esperar.

Allí estaba, pues, José, en medio de rejas y cadenas, sin merecerlo; en un lugar donde conviven la justicia y la injusticia, al cual ingresan y del cual salen personas de manera justa e injusta. Seguramente, José, presenció la puesta en libertad de personas que, por sus actos, merecían estar allí adentro; mientras él era condenado en inocencia.

José incluso llegó a ser servidor de quienes estaban encarcelados merecidamente, y Dios lo usó estando preso para bendecir y servir a personas que no temían a Dios (Génesis 39.22: *"Y el jefe de la cárcel entregó en mano de José el cuidado de todos los presos que había en aquella prisión; todo lo que se hacía allí, él lo hacía"*); personas como el copero y el panadero del rey, que fueron apresados por aquellos días; de los cuales, uno sería usado por Dios para el cumplimiento de su propósito con José (Génesis 40.1: *"Aconteció después de estas cosas, que **el copero del rey de Egipto y el panadero delinquieron contra su señor el rey de Egipto.** Y se enojó Faraón contra sus dos oficiales, contra el jefe de los coperos y contra el jefe de los panaderos, y los puso en prisión en la casa del capitán de la guardia, en la cárcel donde José estaba preso"*).

En ocasiones, vemos que otras personas a nuestro alrededor obtienen lo que nosotros deseamos y esperamos sin respuesta desde hace mucho tiempo, incluso personas que no reconocen el señorío del Creador en sus vidas; lo cual nos duele.

Ahí estaba Dios, hablando por medio de sueños a personas que no le temían, al panadero y al copero del Faraón; mientras José, que sí creía en Dios y era el instrumento usado por Él para interpretar los sueños a estas dos personas, estaba preso y a la

Dios tiene un propósito con nosotros, que va más allá de darnos ciertas cosas dentro de este mundo cuando las deseamos.

espera de una palabra de libertad de parte de su Creador. Sin embargo, esto no sucedía porque Dios hubiera olvidado al hijo de Jacob; todo lo contrario, según sabemos los que hoy leemos la historia de José de principio a fin, sus bendiciones llegarían en el momento perfecto.

Por tanto, es necesario tener presente que Dios tiene un propósito grande con nosotros, que va más allá de darnos ciertas cosas dentro de este mundo en el momento en que las deseamos; porque se ha trazado un plan maravilloso, y sus pensamientos van más allá de lo que tú y yo podemos imaginar (Isaías 55.9: ***"Como son más altos los cielos que la tierra, así son mis caminos más altos que vuestros caminos, y mis pensamientos más que vuestros pensamientos"***).

Ahora, considero importante hacer un pequeño paréntesis aquí, para mencionar algo que veremos con mayor énfasis en otro capítulo, y es el hecho de que Dios, aun mientras pasamos por duras pruebas que nos afligen, puede y quiere usar nuestras vidas para beneficiar a otras personas. El Creador desea que aprendamos a servirle también en los momentos difíciles, y que nuestro servicio a Él no esté condicionado por las circunstancias que nos rodean.

Dios quiere usarnos, por su gracia; porque quiere darnos la satisfacción de ser instrumentos útiles, partícipes de su obra y amor al dar buenas noticias a los necesitados; quiere, además, que entendamos que nuestra vida no se trata de ser el único destino de sus bendiciones, sino de que nos convirtamos en *canales* por medio de los cuales corra su bendición hacia los que la necesitan.

Ejemplo de servicio vemos en José, quien estaba sufriendo en medio de la cárcel, pero a la vez servía a los demás y aun era usado por Dios para interpretar sueños a otros presos; incluso en medio de condenación, José anunciaba libertad de parte de Dios, y en esta ocasión para el copero del rey de Egipto (Génesis 40.13: ***"Al cabo de tres días Faraón te hará levantar cabeza, y te restituirá a tu puesto: y darás la copa a Faraón*** *en su mano, como solías cuando eras su copero"*).

Continuando con el tema de este capítulo, quiero decir que es cierto que Dios tiene un plan para nosotros, a pesar de nuestros errores; pero, eso no significa que debamos entrar en un estado de complacencia o comodidad frente a nuestras faltas.

Es cierto que José estaba siendo formado, y le era necesario pasar por la cárcel en su proceso de formación, pero no por eso tenía que estar conforme con su condición, al igual que nosotros no debemos conformarnos con lo que nos sucede hoy. Evidentemente, José no hizo esto, pues vemos que procuraba salir de la prisión; por lo cual pidió al copero que mediara por su libertad ante el rey de Egipto, como registra Génesis 40.14: *"Acuérdate, pues, de mí cuando tengas ese bien, y **te ruego que uses conmigo de misericordia, y hagas mención de mí a Faraón, y me saques de esta casa"***.

Y es que, nuestro deseo debe ser salir pronto de todo aquello que nos hace presos, y necesitamos comprender que el tiempo en la prisión durará más o menos dependiendo de nuestra actitud y de que superemos la prueba que enfrentamos hoy.

Es conveniente tomar como ejemplo al pueblo de Israel que, por causa de su mala actitud frente a las pruebas que le vinieron al salir de Egipto, tardó cuarenta años en pasar un desierto que según expertos le hubiera tomado tan sólo unos once días atravesar. No debemos conformarnos con nuestro estado actual, porque hay mucho por recibir allá adelante; y, aunque Dios nos guarda en el desierto, su voluntad para nosotros está en la tierra prometida.

> *Aunque Dios nos guarda en el desierto, su voluntad para nosotros está en la tierra prometida.*

También, a pesar de que Dios nos quiere introducir en una tierra de bendiciones, debemos entender que en la voluntad del Señor todo tiene un tiempo; y, aunque José deseaba salir de su condición de preso (y Dios también lo deseaba), existía un tiempo mejor para que esto sucediera, luego de que José hubiera finalizado su proceso de formación y estuviera listo para pasar al próximo nivel, a ser el gobernador de Egipto.

José, aunque encomendó su causa al jefe de los coperos (a quien había servido, por lo cual le era deudor), fue olvidado por éste; y sabemos que la soberanía de Dios así lo permitió, porque el tiempo perfecto de Dios no había llegado para que José saliera de la cárcel (Génesis 40.23: *"Y el jefe de los coperos no se acordó de José, sino que le olvidó"*).

Como vemos en Génesis 41.1-9, tardó dos años el jefe de los coperos en recordar a quien le había ayudado estando en la cárcel (a José); no necesariamente por ingratitud, sino porque la vida de José estaba en las manos de Dios, no en las manos del copero.

Todo lo soñado por José sucedió en el momento perfecto, que llegó como llegará para todo lo que anhelamos en Dios; y el tiempo para salir de la cárcel llegó para José, cuando Faraón tuvo un sueño y, por consejo de su copero (pero sobre todo por disposición de Dios), mandó llamar a José para que se lo interpretara, como registra Génesis 41.14-15: *"Entonces Faraón envió y llamó a José. Y lo sacaron apresuradamente de la cárcel, y se afeitó, y mudó sus vestidos, y vino a Faraón. **Y dijo Faraón a José: Yo he tenido un sueño, y no hay quien lo interprete; mas he oído decir de ti, que oyes sueños para interpretarlos"***.

> *Cuando Dios nos promete algo, la promesa se cumplirá, aunque ya ni la recordemos.*

Ahora, incluso luego de que José saliera de la prisión y fuera exaltado por Dios en tierra de Faraón, vemos que aquel hijo de Jacob había olvidado los sueños que con tanta claridad había tenido en su juventud; debido a que la pérdida de la libertad y la larga espera, pueden ser tan duras para nosotros que incluso llegan a herir nuestros sueños e ilusiones más profundos.

Es cierto que el Señor prosperó a José al hacerle gobernador, pero veintidós años sin saber de su familia (trece años hasta ser presentado a Faraón, más siete años de abundancia, más dos años de hambre transcurridos cuando ellos llegaron a Egipto), hacían borroso el sueño que había tenido aquella noche de su adolescencia, y que en su momento había sido tan claro y tan real como para estar dispuesto a enfrentar el rechazo de sus familiares al contarlo.

José ya ni pensaba en *el sol, la luna y las estrellas* inclinándose ante él; ya no consideraba a la casa de su padre como parte de su presente y futuro. Quizás José pensó que los sueños que tuvo, y que incluían la presencia de sus padres y hermanos, habían sido malinterpretados por él, que no se cumplirían en su totalidad o, tal vez, que no habían sido verdaderamente un mensaje de parte de Dios (como podríamos estar pensando hoy); por lo cual, para él era mejor olvidar a su familia de una vez por todas, decisión que tomó y plasmó en el nombre que dio a su primogénito, Manasés (Génesis 41.51: *"Y llamó José el nombre del primogénito, Manasés; porque dijo:* **Dios me hizo olvidar todo mi trabajo, y toda la casa de mi padre"**).

Sin embargo, cuando Dios promete algo, la promesa es fiel y se cumplirá, aunque ya ni la recordemos; y esto fue comprobado por José, al llegar su familia a Egipto en el momento indicado; como lo comprobaremos nosotros, al esperar con paciencia el tiempo perfecto de Dios para cumplir los sueños que nos ha regalado, el tiempo para nuestra exaltación.

4

El momento de mi Exaltación

Me pregunto:

Terminará mi sufrimiento? ¿Quién y cuándo hará que deje de sufrir? ¿Hay un mejor plan para mi vida que el mío?

Un versículo para recordar:

"Humillaos, pues, bajo la poderosa mano de Dios, para que Él os exalte cuando fuere tiempo

1 Pedro 5.6.

Nuestra exaltación tiene un origen y un momento para suceder, y este último podría darse justo cuando ya hemos perdido nuestras esperanzas, cuando estamos desapercibidos de recibir aquello que hemos anhelado por mucho tiempo, cuando hemos decidido seguir a Dios y confiar en Él a pesar de no recibir lo soñado.

Los planes de Dios siempre resultan ser mejores que los nuestros, por lo cual aquel que en Él espera no quedará sin recibir una gran recompensa.

¿De dónde proviene la exaltación?

"Esfuérzate un poco más en tu desempeño en la escuela, tanto como lo haces en casa para obedecer a papi y mami, y de seguro tu profesora en algún momento te dará una medalla de honor", es la respuesta de la madre de Juan Jerónimo, frente a la inquietud manifestada por su hijo de cinco años de edad.

El pequeño ha visto cómo algunos de sus compañeritos de clase han recibido esta presea dorada, llenos de satisfacción y halagos frente a todo el salón de clase; y él desea ser homenajeado de la misma manera para orgullo de papá y mamá.

Juan dice no entender por qué no ha recibido esta mención de honor todavía, si ha sido juicioso y obediente con papi y mami; y su madre responde explicándole que: "Nuestro buen comportamiento en casa es premiado por nuestros padres, pero los encargados de recompensar nuestro buen desempeño en la escuela son nuestros profesores".

Con la respuesta de mamá, y con un rostro que refleja desilusión, Juan Jerónimo comprende que debe esmerarse más en su estudio, tanto como lo hace en casa al obedecer a sus padres, para obtener el reconocimiento que desea.

Y es que, en la vida seremos exaltados por aquellos ante cuyos ojos hacemos bien, pero no por aquellas personas que no perciben nuestro buen proceder; y, en este planteamiento básico, podemos identificar dos factores que debemos tener en cuenta para lograr nuestra exaltación: LO QUE HACEMOS y A QUIÉN LO HACEMOS.

> *Para ser exaltados, debemos hacer lo que a Dios le agrada y hacerlo a quien Dios quiere que lo hagamos.*

Es cierto que Juan Jerónimo ha estado obrando en casa de tal manera que merece un reconocimiento, pero obtener la medalla de honor en la escuela dependerá de que, además de obrar bien en casa, proceda de tal manera que su profesora perciba sus buenas acciones. Juan deberá *hacer bien* y *hacerlo para con su profesora.*

La importancia de LO QUE HACEMOS y A QUIÉN LO HACEMOS, se puede ver también con claridad en el caso de ciertos padres que desean ser alabados por su rol de *buenos papás*, por el simple hecho de brindar bienes materiales a sus hijos; sin embargo, a pesar de que satisfacer las necesidades materiales es algo importante en el rol de un padre, sólo serán alabados aquellos que principalmente brinden verdadero amor y tiempo de calidad a sus pequeños.

Ahora, quienes entregan sólo bienes materiales a sus hijos, están obrando hacia la persona indicada (sus hijos), pero lo que están haciendo no es el verdadero bien que se espera de ellos, o por lo menos no es lo más importante. Por esto, es necesario considerar los dos componentes como indispensables para alcanzar la recompensa anhelada: nuevamente, LO QUE HACEMOS y A QUIÉN LO HACEMOS.

Hablando de la exaltación que deseamos obtener, y que en otras palabras podríamos llamar *el final de nuestro sufrimiento y espera,* debemos tener claro que es Dios quien recompensa, enalteciendo al ser humano por su proceder, como vemos en Salmos 75.6-7: *"Porque ni de oriente, ni de occidente, ni del sur viene el enaltecimiento.* **Mas Dios es el Juez; a éste humilla, y a aquél enaltece".** Por lo tanto, cuando deseamos ser exaltados, nuestro proceder debe estar dirigido a HACER LO QUE A DIOS LE AGRADA y a hacerlo A QUIEN DIOS QUIERE QUE LO HAGAMOS.

Ahora, conocer estas dos cosas no es tan complicado, y para esto nos podemos valer de la lectura de la Palabra de Dios, buscando de manera especial aquellos pasajes relacionados con el aspecto en el cual Dios nos está formando. También, nos será de gran utilidad escuchar a otras personas a las cuales Dios haya dotado de sabiduría para aconsejar, como por ejemplo un líder de nuestra congregación o incluso un buen amigo.

Por último, conocer lo que debemos hacer y a quién lo debemos hacer, será un buen comienzo; sin embargo, el verdadero objetivo en este caso sólo será alcanzado cuando, además de recibir el conocimiento necesario, llevemos a la práctica lo aprendido.

¿Quién y cuándo es exaltado?

El pequeño Juan Jerónimo se encuentra muy feliz el día de hoy. Ha llegado un momento muy esperado por él, luego de que por más de un año llenara su alcancía con las monedas que guardó de sus onces del colegio, y esto con el fin de comprar lo que a su parecer es un bien preciado: el muñeco de Woody, el vaquero de Toy Story.

Ha llegado por fin el anhelado día en que la alcancía llena ha sido rota, luego de abstenerse de comprar algunas cosas que quería, y esto debido a que mami le ha enseñado la disciplina del ahorro para obtener las cosas que desea.

El último año ha sido un gran esfuerzo que el día de hoy se verá recompensado, y esto al poder salir de la tienda de juguetes sosteniendo en sus manos el preciado muñeco, que hasta ayer sólo pudo ver detrás de la vitrina. El rostro del pequeño lo dice todo: ha valido la pena esforzarse y ha llegado el tiempo de recibir la recompensa por su esfuerzo.

En los gestos alegres de Juan Jerónimo puedo ver hoy claramente que la persona que es exaltada es aquella que trabaja para así serlo, y que lo hace perseverando hasta el final para poder recibir su recompensa. El proceder de aquel pequeño durante un año de esfuerzo y espera, trae a mi mente, además, la historia de José, quien tuvo en su vida ese precioso haber llamado *paciencia*, a partir del cual pudo desempeñarse con una buena actitud en cada situación que vivió, ya fuera de exaltación o de humillación, ya como gobernador de Egipto o como esclavo o preso; situaciones en las cuales José siempre se destacó por actuar de manera correcta y perseverante, a tal punto que en todo lugar donde lo puso Dios siempre llegó a ser el mejor.

> *Las cosas que deseamos requieren de nuestro esfuerzo, pero también hay un tiempo que se debe esperar para recibirlas.*

Las cosas que deseamos requieren de nuestro esfuerzo, es verdad, pero también hay un tiempo que se debe esperar para recibirlas, y es por eso que la Biblia nos enseña que las promesas se heredan por medio de la fe, ciertamente, pero, también, por medio de la paciencia, como vemos en Hebreos 6.12: *"a fin de que no os hagáis perezosos, sino imitadores de aquellos que **por la fe y la paciencia heredan las promesas**"*.

Los seres humanos siempre tendremos deseos por cumplir, y lo importante es presentarlos en oración a Dios, trabajar en aquello que está a nuestro alcance para hacerlos realidad y esperar el momento perfecto en que Dios extienda su mano para exaltar y recompensar nuestro proceder y paciencia. En medio de este planteamiento sencillo, encontramos un factor adicional a los dos mencionados en el título anterior (*LO QUE HACEMOS* y *A QUIÉN LO HACEMOS*), para que efectivamente se dé nuestra exaltación: *ESPERAR CON BUENA ACTITUD*.

¿Alguna vez hemos dejado de dar a alguien lo que nos pide, porque sentimos que si no se lo damos reaccionará con una mala actitud contra nosotros? ¿Será que Dios (de quien somos imagen y semejanza) se podría parecer en este sentir a nosotros? ¿Será orgullo y soberbia reaccionar de mala manera frente a una respuesta negativa para nuestros deseos y peticiones?

Actuar con la actitud adecuada es parte de la paciencia que necesitamos para llegar a ser exaltados, pues ser pacientes no sólo se trata de que pase el tiempo sino de que contemos con la actitud correcta mientras que transcurre la espera. Saber esperar las respuestas de Dios es algo necesario y bueno para nosotros, incluso cuando de no recibir lo que queremos se trata; pues, si la voluntad de Dios difiere de nuestros deseos al final, con toda seguridad será mejor que nuestras expectativas.

Ahora, a pesar de que no se puede anticipar con exactitud el momento en que recibiremos la exaltación que esperamos de parte de Dios, sí se puede decir de antemano y con toda seguridad que esto ocurrirá en el mejor momento, en el tiempo perfecto, cuando estemos preparados para ello.

Cuando echamos nuestra ansiedad sobre Jesucristo, nuestro corazón está en calma y nuestra actitud se convierte en el reflejo de la confianza que sólo viene de un verdadero depender de Dios en nuestras vidas, y es entonces cuando estamos más cerca de recibir lo que anhelamos y, por cierto, de recibir mucho más que lo anhelado.

En conclusión, como dijera el gran apóstol Pedro en 1 Pedro 5.6: *"**Humillaos, pues, bajo la poderosa mano de Dios, para que él os exalte cuando fuere tiempo**"*.

Ya había perdido todas mis esperanzas

El pequeño Juan Jerónimo se lanza una y otra vez, desde las escaleras que llevan al segundo piso de la casa, hacia los brazos de una de sus compañeras de diversión favoritas, su amada abuela.

El juego se ha tornado emocionante para Juan quien, comenzando desde el primer escalón y pasando al segundo, con risa efusiva se lanza en cada ocasión.

Sin embargo, al llegar a la tercera grada, comienza a ver con preocupación que aquel juego se ha convertido en un reto que le produce temor; y le resulta difícil lanzarse ahora que observa que su amada abuela, quien representa su esperanza de bienestar en medio de esta diversión extrema, se encuentra cada vez más alejada de él.

El nivel de temor que experimentamos los humanos depende, en gran medida, de la distancia que existe entre nosotros y aquello que representa nuestra esperanza. El temor de Juan Jerónimo, al jugar, aumentó al verse cada vez más distante de su abuela, quien representaba su confianza y bienestar dentro de aquel juego; y esto es lo mismo que nos sucede a nosotros, cuando nos vemos alejados de ciertas cosas que nos llenan de esperanza, entre las cuales se incluyen, con gran importancia, nuestros sueños.

> *Cuando el tiempo pasa sin el cumplimiento de aquello que hemos soñado, la espera nos hace ver cada vez más lejos lo anhelado.*

La capacidad de anhelar o *soñar despiertos* es algo que Dios nos regaló, y que nos llena de fuerza para caminar y mantener nuestros pasos dentro del camino. Sin embargo, en la medida que el tiempo pasa sin el cumplimiento de aquello que hemos soñado, la espera nos hace ver cada vez más lejos lo anhelado; por lo cual nuestra seguridad mengua y, al igual que Juan Jerónimo en el tercer escalón, nos sentimos temerosos e incluso desesperanzados.

Y es que, hay momentos en que, debido a la larga espera, hemos perdido toda esperanza, y hemos olvidado los sueños y peticiones que presentamos un día a Dios; por lo cual, nuestro caminar se torna *desorientado* y carente de motivación; y, sin embargo, eso no significa que Dios también se haya olvidado de lo que soñamos o pedimos.

Es posible que durante los primeros días de una prueba nos mantengamos firmes y confiados, pero también que con el paso del tiempo nos resulte cada vez más difícil mantener nuestra firmeza y nuestra confianza; y es allí donde necesitamos, más que nunca, la fe, para poder creer aquello que no se siente y aquello que no se ve.

Es lógico pensar que, en los primeros días de esclavitud, José estaba optimista y expectante a la liberación de parte de su Creador, pues el hijo de Jacob recordaba que Dios le había mostrado (por medio de los sueños que tuvo mientras dormía, y que seguramente entonces permanecían frescos en su mente) que le esperaba un futuro lleno de victoria y exaltación. Sin embargo, a pesar de la gran revelación recibida, algo que no le fue revelado entonces, a sus diecisiete años de edad, fue que, para lograr el cumplimiento de lo que Dios le había anunciado, le sería necesario caminar por un camino que no sería ni fácil ni corto.

Aquellos sueños que tuvo al dormir, y que seguramente se habían convertido en fundamento de todo lo que desde entonces soñaba despierto, eran en verdad grandes y maravillosos; y, sin embargo, es comprensible y humano pensar que la larga espera sufrida por José le pudo llevar, en algún momento, a ver su esperanza lejana y hasta inalcanzable.

Por lo menos en dos ocasiones, luego de ser vendido por sus hermanos, José alcanzó a vislumbrar prosperidad e incluso libertad para su vida; pero, después de *emocionarse* y cobrar ánimo, le llegaba nuevamente la desilusión, como seguramente nos ha sucedido a nosotros. Una ocasión fue en casa de Potifar, cuando fue constituido mayordomo y todo comenzaba a ir por mejor camino; pero, justo allí, la inescrupulosa mujer de su amo puso sus ojos en él, para *detener* su curso hacia lo que entonces se veía como un buen destino.

Parecía que José estaba destinado al fracaso, y entonces pasaba de la esclavitud a la cárcel, donde también vería a sus sueños de libertad y prosperidad serle esquivos, al ser olvidado por el copero del rey. Conocer y servir a aquel funcionario del Faraón, como compañero de cárcel, al parecer era su gran oportunidad para lograr el favor del rey, y así ser libre y próspero; sin embargo, luego de haberse encomendado a éste para que intercediera por su causa ante el máximo gobernante egipcio, José vio cómo pasaban los meses y su encargo quedaba en el olvido (aunque Dios sí usaría a este personaje para bendecir a José, pero en un tiempo diferente al pensado).

En los primeros días que transcurrieron después de su encargo al copero, con toda seguridad, José se encontraba expectante a la liberación de Dios, otra vez. Cualquier visita que llegaba al reclusorio era motivo de inquietud para él; era una razón para pensar que el copero había cumplido su palabra y que, entonces, venían buscándolo de parte de Faraón. Muy seguramente, José se mantenía preparado para ese momento de liberación; siempre listo y vestido de manera adecuada para tan importante encuentro, con Faraón y con su libertad. Sin embargo, con el paso de los días y los meses, seguramente, el sueño de ser libre se veía cada vez más borroso y lejano, por lo cual ya no esperaba que aquel copero le ayudara.

> *Hay cosas que entre más nos desesperemos al buscarlas y/o esperarlas, menos las vamos a encontrar.*

Sin embargo, fue justo allí, en el momento en que José no estaba esperando ni buscando desesperadamente el llamado de Faraón, cuando incluso estaba sin afeitarse y vestido inadecuadamente; fue en aquel momento en que llegó algo que anhelamos, y que cuesta mucho esperar en ocasiones: *el tiempo de Dios*; como vemos en Génesis 41.14: *"Entonces Faraón envió y llamó a José. Y* **lo sacaron apresuradamente de la cárcel, y se afeitó, y mudó** *sus vestidos, y vino a Faraón".*

Y es que, hay cosas que, como el amor, entre más nos desesperemos al buscarlas y/o esperarlas, menos las vamos a encontrar; y lo mejor que podemos hacer es esperar el tiempo perfecto de Dios para que se materialicen en nuestras vidas.

Ahora, es necesario recordar que esto no se trata de renunciar a lo que deseamos, o de que tomemos una actitud pasiva e indiferente frente a lo que queremos; pero sí de actuar al tiempo que confiamos en el Señor, descansando en su perfecta voluntad, porque es entonces cuando podemos ver su fidelidad.

Cerca de trece años pasaron desde aquellos sueños que alegraron a José cuando tenía tan sólo diecisiete (Génesis 41.46: **"Era José de edad de treinta años cuando fue presentado delante de Faraón rey de Egipto;** *y salió José de delante de Faraón, y recorrió toda la tierra de Egipto"*), como seguramente ha pasado mucho tiempo desde que soñamos grandes cosas y nos ilusionamos. De seguro, no ha sido fácil ver pasar el tiempo sin recibir respuestas al respecto, y hasta hemos perdido nuestras esperanzas; pero, si mantenemos nuestra confianza y caminamos al tiempo que esperamos, inevitablemente llegará ese momento anhelado que es *el tiempo de Dios para nuestra vida*; y esto sucederá en el tiempo perfecto, incluso a pesar de que hayamos olvidado lo que esperábamos.

Hay un mejor plan para mi vida

Juan Jerónimo está muy inquieto, y por cierto bastante molesto, porque papá y mamá no le han querido comprar el muñeco de Buzz Lightyear que encontraron en la primera tienda de juguetes que visitaron en este viaje de vacaciones.

Juan, inundado de llanto, no acepta que no se le haya comprado este preciado juguete, que papá sabe cuánto le gusta; mientras su padre le explica algo que él ni oye ni entiende por causa de su gran enojo, por lo cual no comprende que papá está buscando la mejor versión a escala que se ha hecho del famoso personaje, y que ha sido lanzada recientemente al mercado.

Llevado de la mano de papá, y con gran indignación, el pequeño Juan Jerónimo prosigue con cara de pocos amigos, manos cruzadas y boca estirada. Papi sabe que Juan lo comprenderá cuando compruebe que lo que le piensa regalar es mucho mejor que lo que pide, pero también sabe que para esto será necesario que pase algún tiempo en que el pequeño sienta una gran desilusión hacia papá.

Han pasado cerca de tres horas de intensa búsqueda, y es ya la séptima tienda a la cual ingresarán; pues parece que se han agotado las existencias del muy solicitado muñeco. Juan ya ha olvidado su enojo, y juega, mientras papá continúa buscando de manera incansable; e ingresan a aquella nueva tienda.

De repente, ¡está allí! ¡Oh! ¡Es mucho más grande que todo lo pensado! ¡Sus detalles son idénticos a los que tiene Buzz en la película! El pequeño Juan Jerónimo, al verlo, refleja una gran sonrisa de satisfacción, mientras que papá afirma que "por fin, ha encontrado su regalo", a lo cual añade que "esta era la versión que buscaba para él, y por la cual se negó a comprarle el pequeño Buzz que habían encontrado en la tienda que visitaron inicialmente".

Y es que, en verdad, como pudo comprobar Juan al final, un buen padre quiere darle lo mejor a su hijo, y se lo dará incluso a pesar de que esto le cueste el enojo temporal de su pequeño hacia él.

Debido a la gran demanda de la última versión de Buzz Lightyear, incluso muchos hijos de personas adineradas de la ciudad se han quedado sin adquirir el anhelado muñeco; pero Juan Jerónimo lo lleva entre sus manos al salir de la tienda de juguetes. A pesar de no ser el más privilegiado económicamente, y por tanto no ser el más apto para poseer uno de los codiciados ejemplares, Juan se ha convertido en uno de los más afortunados pequeños de la ciudad, gracias a su papá.

Los padres conocen cosas que sus hijos, no; y es por eso que ellos pueden obrar confiadamente mientras que sus pequeños caen en desesperación y tristeza. Esta es una premisa que necesitamos mantener, en especial cuando pensamos que hay cosas que hemos pedido a Dios y que Él nos ha negado hasta el momento; pues, la verdad, es que no lo hace porque no nos quiera bendecir sino porque, a pesar de nuestros momentos de indignación hacia Él, continúa con un profundo deseo de guardar nuestras vidas para entregarnos lo mejor que nos ha preparado, y en el mejor momento. Evidentemente, esto sólo podrá ser comprobado por nosotros mismos cuando, al igual que Juan Jerónimo, continuemos nuestro caminar al lado de nuestro Padre, incluso a pesar de nuestra desilusión y enojo.

Es muy posible que no seamos las personas más aptas para aquello que soñamos.

Por otro lado, es muy posible que para los demás, e incluso para nosotros mismos, no seamos las personas idóneas o más aptas para alcanzar aquello que soñamos, como por su condición económica no lo era Juan Jerónimo para tener uno de los codiciados ejemplares de Buzz Lightyear; y, tener este sentimiento en nuestro interior, es uno de los principales síntomas de que estamos a las puertas de ser exaltados por Dios.

Y es que, el Creador necesita que, antes de recibir la exaltación, primero entendamos que los grandes logros no se alcanzan por lo *fuertes* que nos sentimos, por los recursos materiales que tenemos a disposición o por la fuerza que poseemos o poseen quienes nos acompañan; sino por el poder de su Santo Espíritu (Zacarías 4.6).

José no era el más apto para ser gobernador de Egipto, pues ni siquiera había nacido en aquella nación; lo cual, seguramente, despertó el celo de muchos egipcios. El hijo de Jacob era sólo un extranjero, e incluso era abominable para los nativos comer con él por ser hebreo, como muestra Génesis 43.32: *"Y pusieron para él aparte, y separadamente para ellos, y aparte*

> *Dios dice: "Si ustedes creen tener buenos planes para sus vidas, Yo tengo mejores".*

para los egipcios que con él comían; **porque los egipcios no pueden comer pan con los hebreos, lo cual es abominación a los egipcios".**

Sin embargo, Dios se vale de este tipo de situaciones para enseñarnos que el lugar de honra en que somos puestos es debido a Él, y no a nuestras posibilidades.

Ni el mismo José pensó seguramente alcanzar tanto, y Dios había podido sólo darle un buen trabajo en Egipto, quizás como jefe de sabios o como mayordomo permanente en casa de Potifar; después de todo, no hubiera estado tan mal ser un administrador, luego de haber sido esclavo y preso, incluso de haber sido casi muerto en una cisterna. No obstante, Dios nos trae un mensaje mejor: *"Si ustedes creen que tienen buenos planes para sus vidas, yo tengo planes mejores"* y *"Si piensan que lo que hoy piden para ustedes es lo mejor, yo les puedo demostrar que tengo algo superior, algo de mayor excelencia; y lo verán, si confían y esperan en mí y en mi palabra".*

Dios siempre tiene algo mejor para nosotros, sólo debemos confiar y tener presentes sus palabras habladas por medio del profeta, en Isaías 55.9: ***"Como son más altos los cielos que la tierra, así son mis caminos más altos que vuestros caminos, y mis pensamientos más que vuestros pensamientos".*** Dios no nos negará algo que le pidamos si no tiene preparado algo mejor para darnos.

Así, pues, vemos cómo Dios dio a José un lugar de privilegio, como gobernador de Egipto; y esto ante el asombro de muchos, incluso de José mismo, según registra para nuestra enseñanza Génesis 41.39-44:

*"Y dijo Faraón a José: Pues que Dios te ha hecho saber todo esto, **no hay entendido ni sabio como tú. Tú estarás sobre mi casa, y por tu palabra se gobernará todo mi pueblo;***

solamente en el trono seré yo mayor que tú. Dijo además Faraón a José: He aquí yo te he puesto sobre toda la tierra de Egipto. Entonces Faraón quitó su anillo de su mano, y lo puso en la mano de José, y lo hizo vestir de ropas de lino finísimo, y puso un collar de oro en su cuello; y lo hizo subir en su segundo carro, y pregonaron delante de él: ¡Doblad la rodilla!; y lo puso sobre toda la tierra de Egipto. Y dijo Faraón a José: Yo soy Faraón; y sin ti ninguno alzará su mano ni su pie en toda la tierra de Egipto".

¡Qué gran sorpresa para la *farándula* egipcia! ¡Qué asombroso también para los compañeros de esclavitud y cárcel de José, quienes de haber sabido lo que sucedería le hubieran pedido un autógrafo al tenerlo a su lado! ¡Cuán maravilloso todo esto para José mismo!

Este es el tipo de cosas que nuestro Todopoderoso Dios hace, y está dispuesto a hacer en nuestras vidas si nos mantenemos constantes en la espera, a pesar de todo.

Hay demasiadas bendiciones por recibir allá adelante; y, en verdad, no hay nada que valga tanto la pena como para recibirlo a cambio de renunciar a lo que Dios nos ha preparado; porque, ciertamente, el plan del Creador es el mejor plan para nuestras vidas.

El tiempo de nuestra exaltación llegará, sin duda, de la mano de Dios y en el mejor momento; pero, entonces, será necesario que demostremos nuestro cambio, que retengamos y apliquemos aquello que aprendimos en nuestro proceso de formación.

Demostrando
MI CAMBIO

5

Me pregunto:

Qué debo hacer si salgo de esta prueba que me hace sufrir?

Un versículo para recordar:

"Tu salvación he esperado, oh Jehová, y tus mandamientos he puesto por obra
Salmos 119.166.

Dios quiere formarnos para que seamos obedientes a Él en la adversidad y en la prosperidad; y, luego de ser formados, comenzaremos a ver el cumplimiento de muchos de nuestros sueños.

Formado a prueba de humillación

"Linda mamá", "Princesa"; son las palabras que salen de la boca del pequeño Juan José para su madre, mientras le acaricia el rostro; y esto como respuesta a la amonestación que está recibiendo por una nueva travesura cometida.

Mami, mientras recibe esta muestra de afecto, que más es un llamado a la reconciliación y una petición de perdón de parte del pequeño, le explica que su comportamiento en esta ocasión no fue el mejor y debe corregirlo.

Finalmente, y de manera natural, el corazón de mami se ve conmovido ante la reacción humilde de su hijo, aunque no por ello le retira el castigo, pues sabe que éste es necesario en su preparación para un buen futuro.

Las actitudes de los niños nos hablan al corazón en muchas ocasiones, y nos enseñan por qué nuestro Señor Jesucristo nos insiste en hacernos como ellos para poder ver el reino de Dios (Mateo 18.3). Al observar a Juan José, por ejemplo, lleno de humildad en medio de la humillación que significa ser amonestado, le veo como un ejemplo a seguir; porque, en medio de las situaciones humillantes, nuestra mejor opción al proceder, definitivamente, es la humildad; con mayor razón si ser humillados se trata de recibir una amonestación de alguien que nos ama.

Las situaciones que nos hacen sentir humillados (como la amonestación recibida por Juan José), son ocasiones en que necesitamos usar nuestra humildad, para así poder proceder según lo que hemos aprendido de Dios en el proceso de formación que nos ha dado; y éste es uno de los motivos por los cuales, sea cual sea el aspecto en el que Dios nos forma hoy, necesitaremos de manera indispensable contar con un corazón humilde dentro de nosotros.

El famoso David, rey de Israel y hombre conforme al corazón de Dios (1 Samuel 13.14), antes de tomar posesión del reino se vio humillado por parte de su propio hermano Eliab, quien menospreció su labor de pastor de ovejas y le tildó además de *soberbio*, como vemos en 1 Samuel 17.28: *"Y oyéndole hablar Eliab su hermano mayor con aquellos hombres, se encendió en ira contra David y dijo: **¿Para qué has descendido acá? ¿Y a quién has dejado aquellas pocas ovejas en el desierto? Yo conozco tu soberbia y la malicia de tu corazón, que para ver la batalla has venido***".

> Dios desea que aquello que forma en nuestras vidas sea a prueba de toda situación.

Sin embargo, en medio de esta situación humillante, David se mantuvo en humildad y actuó de acuerdo con la enseñanza de Dios, cumpliendo la comisión dada por su padre, de visitar a sus hermanos para saber si estaban bien (1 Samuel 17.22); y, de hecho, haciendo mucho más que averiguar por sus hermanos, saliendo en defensa de ellos y de todo el pueblo de Israel (1 Samuel 17.1-58), como muchos de nosotros ya sabemos.

Dios desea que aquello que forma en nuestras vidas sea a prueba de toda situación, incluso a prueba de aquellas que llegan a nosotros cargadas de humillación y vergüenza; para que, al enfrentarlas, podamos actuar de manera adecuada, como hizo David frente a las ofensas de su hermano Eliab, en la historia referida.

Una persona soberbia, en lugar del famoso rey de Israel, al verse humillada, a pesar de saber que podía hacer algo por su gente, se hubiera retirado con argumentos tales como *"No me valoran, y por eso no merecen mi ayuda"* o *"¿De qué me vale ayudarles, si ni siquiera me tienen en cuenta?"*; sin embargo, la humildad que tenía David, al ser un hombre conforme al corazón de Dios, le permitió actuar de manera correcta, frente a Dios, su familia y el pueblo en general.

¿Alguna vez has visto a alguien que se queja hasta de lo bueno que le sucede? Pues bien, la soberbia y el orgullo impiden que una persona pueda ser feliz, y hacen que la amargura esté de continuo en su boca, y sobre todo en su corazón.

> *Poner en práctica la enseñanza de Dios no debe estar condicionado a que estemos pasando por un buen momento.*

La soberbia nos impide ver el lado bueno de las cosas que nos exaltan y que por naturaleza son beneficiosas, mucho más de aquellas que se constituyen en verdaderas humillaciones y están en contravía de lo que deseamos. Por el contrario, la humildad hace que sigamos adelante y aún nos gocemos pasando por situaciones humillantes, tal y como pudo hacer el rey David frente a Eliab; y como también hizo el gran apóstol Pablo, al enfrentar las dificultades que le sobrevinieron al predicar a Jesús, según registró en su segunda carta a los corintios, en la cita 12.10: ***"Por lo cual, por amor a Cristo me gozo en las debilidades, en afrentas, en necesidades, en persecuciones, en angustias; porque cuando soy débil, entonces soy fuerte"***.

Poner en práctica la enseñanza de Dios en nuestras vidas, es algo que no debe estar condicionado a que estemos pasando por un buen momento. José, aún en medio de situaciones humillantes como la esclavitud y la cárcel, no olvidó la palabra de su Dios para ponerla por obra, por lo cual se negó a pecar con la esposa de Potifar, como vemos en Génesis 39.7-9:

"Aconteció después de esto, que la mujer de su amo puso sus ojos en José, y dijo: Duerme conmigo. Y él no quiso, y dijo a la mujer de su amo: He aquí que mi señor no se preocupa conmigo

de lo que hay en casa, y ha puesto en mi mano todo lo que tiene. No hay otro mayor que yo en esta casa, y ninguna cosa me ha reservado sino a ti, por cuanto tú eres su mujer; ¿cómo, pues, haría yo este grande mal, y pecaría contra Dios?".

José, en medio de esclavitud y de un duro proceso formador que permanecía porque la formación de la humildad en él todavía no estaba completamente lista, a pesar de estar en condición humillante, no dejó de obedecer a su Dios en aquellas cosas que ya estaban a su alcance, como rechazar ante las invitaciones de la esposa de quien entonces fuera su amo; y esto es lo que debemos hacer nosotros en este momento, siendo obedientes y humildes a la enseñanza de Dios en aquello que nos es posible hacer ahora, aunque estemos lejos de la exaltación que deseamos; mientras esperamos confiados a que Dios obre la parte que sólo puede hacer Él en nosotros al formarnos.

En ocasiones actuamos de manera contraria a lo que hemos aprendido de Dios, y nos creemos con derecho a olvidarnos de sus mandamientos argumentando que *"Él nos ha olvidado a nosotros, porque no nos responde"*, y nos consideramos entonces víctimas de Dios; lo cual, evidentemente, es un gran error. Mantener esta posición de nuestra parte será una clara señal de que carecemos de humildad, y de que no hemos superado el proceso de formación que Dios nos está dando; por lo cual no estamos listos tampoco para recibir las cosas para las cuales Él nos quiere formar. Para nuestra lección, el salmista nos enseña por medio de Salmos 119.141 a no apartarnos del mandamiento de Dios, incluso a pesar de que nos sintamos humillados, inferiores y desechados por los demás: *"Pequeño soy yo, y desechado, Mas **no me he olvidado de tus mandamientos**"*.

Desde pequeño he escuchado un dicho popular que reza: *"Untado un dedo, untada toda la mano"*; que significa que, si ya nos metimos un poco en un problema, ya nos podemos meter por completo en él, porque, total, ya estamos adentro; y esto es lo que algunas personas aplican en muchas situaciones de la vida, incluso en las relacionadas con su vida espiritual.

Y es que, al pasar por la prueba, algunas personas renuncian a ser obedientes en las cosas que sí pueden hacer, por causa de aquellas que no han podido lograr; pensando que es vano obedecer algunos mandamientos, mientras fallan en otros; por lo cual deciden *meterse* de lleno en el pecado, y hasta llegan a retirarse del camino de vida que Dios les presentó. Sin embargo, el ejemplo que recibimos de José es contrario a esto, y nos muestra que debemos ser fieles en lo que podemos, mientras que se perfecciona la obra de Dios en las demás áreas de nuestra vida; siendo así humildes, aunque pasemos por humillaciones que todavía nos forman.

Es necesario poner por obra la Palabra de Dios mientras esperamos sus respuestas, y no hacer como algunos que se privan de recibir las bendiciones de Dios argumentando que *"obedecerán al evangelio el día que Dios les dé algo que están pidiendo"*. José no esperó a ser gobernador de Egipto para obedecer a Dios en lo que podía, aunque era cierto que estaba siendo formado y que esto no era fácil porque implicaba pasar algunas situaciones humillantes. El consejo del salmista al respecto, nos enseña a poner por obra los mandamientos de Dios mientras esperamos sus respuestas, como vemos en Salmos 119.166: ***"Tu salvación he esperado, oh Jehová, Y tus mandamientos he puesto por obra"***.

> Es necesario poner por obra la Palabra de Dios mientras esperamos sus respuestas.

Formado a prueba de exaltación

"¡No!", dice el pequeño Juan Jerónimo, con asomos de llanto y protegiendo con su cuerpo algo que parece un trapo viejo y sucio. Su madre pide que lo deseche pero, algo que ella ha perdido de vista, es que se trata de mucho más que un trapo para su hijo.

Aunque está hecho por retazos de tela, aquel sucio oso

café es el primer regalo que Juan recuerda de mami, y es también su fiel compañía a la hora de dormir. Es sólo trapo para los demás, pero para Juan Jerónimo se llama *Tommy*, y representa el calor y la compañía de mami en medio de la fría y oscura noche. Es tan sólo un muñeco de trapo entre muchos que salieron de la tienda de juguetes, pero dejó de ser *uno más* al llegar a las manos de aquel pequeño que le dio, más que un lugar en su habitación, un espacio privilegiado dentro de su gran corazón de niño; espacio en el cual permanece hasta hoy, a pesar de que Juan haya recibido muchos más juguetes y aún mejores que aquel sucio oso que hoy se encuentra *en peligro de extinción*.

Finalmente, mami, impotente ante la reacción de su pequeño hijo, deja de insistir al respecto; y, al ver que ni siquiera logra que Juan se lo entregue para lavarlo, pide a su pequeño que se calme porque *Tommy estará a salvo*.

Los seres humanos tenemos valiosos tesoros que necesitamos conservar, que debemos asir a nuestro ser, de la misma manera que Juan Jerónimo asió a su humanidad el cuerpo de tela de Tommy. No me refiero a bienes materiales, como oro o plata, sino a aquellos tesoros que van más allá del materialismo, que tienen que ver con nuestra esencia, como los sentimientos, los valores y las virtudes; de los cuales, algunos poseemos de manera innata, pero otros los hemos recibido como resultado de un proceso de formación que Dios nos ha dado.

A pesar de que pase el tiempo, y hayamos recibido grandes experiencias y haberes preciados, es necesario jamás olvidar aquello que Dios escribió un día en nuestros corazones, en especial cuando tal escritura nos costó mucha paciencia y muchas lágrimas.

No nos podemos olvidar de la obra de Dios en nosotros, y es necesario que estemos vigilantes al respecto; pues ser olvidadizos será una posibilidad mientras nos encontremos dentro de este *estuche de humanidad*, al interior del cual tenemos la facultad de aprender, pero también de olvidar. Al igual que Juan Jerónimo se aferró con gran decisión al cuerpo de tela de Tommy para conservarlo, es necesario que nos aferremos celosamente a aquello que hay en nuestras vidas como resultado de la formación de Dios.

Ahora, es cierto que necesitamos verdadera humildad para soportar la humillación sin dejar de practicar la enseñanza de Dios; pero también nos es necesaria, y quizá en mayor medida, en el momento en que estamos siendo exaltados, cuando nos encontramos en una posición privilegiada y recibimos felicitaciones y ovaciones que nos emocionan. Y es que, la actitud humilde pareciera ser una obligación cuando somos los más desconocidos e *insignificantes* del planeta, pero tan sólo una opción cuando nos encontramos en una posición superior.

Es entonces, en la exaltación, cuando existen motivos para enorgullecernos, cuando más necesitamos usar la fe en aquel que nos ha enseñado a ser humildes; pues, como dice el profeta en Habacuc 2.4: *"He aquí que aquel cuya alma no es recta, se enorgullece; mas el justo por su fe vivirá".*

> *De poco serviría nuestra formación si no aplicamos lo aprendido en ella.*

Es necesario no olvidar lo que Dios ha formado en nuestras vidas, y lo mucho que nos ha costado; pues, poco servirían las lágrimas y las aflicciones de nuestro proceso de formación si, en el momento de poner en práctica la enseñanza que el Creador nos dio por medio de ellas, no aplicamos lo aprendido.

Para algunos de nosotros, un pasado de dolor será *el aguijón* que, en medio de la exaltación, mantenga nuestros pies tocando la tierra y nuestro corazón lleno de sensatez; un pasado de aflicción que servirá para que reconozcamos que es Dios el verdadero origen de nuestras victorias, y para que no olvidemos lo que éramos sin Él y sin su obra redentora en nuestras vidas. De esta manera, el pasado de José fue un instrumento, doloroso pero útil, para eliminar de su corazón toda sombra de jactancia, y para que pudiera enfrentar el gran reto de ser humilde en medio de la exaltación.

Después del proceso de formación sufrido por José, se encontraba listo para reconocer su dependencia del Creador, y para entender que todo cuanto alcanzara al ser exaltado sería gracias a su Dios y no a sus propios méritos. El hijo de Jacob, luego de ser formado, sabía que, si un día sus hermanos y padres se inclinaban delante de él como había visto en aquellos sueños de su adolescencia, no sería por el hecho de *ser José*, sino porque había un Dios que estaba en su vida, que lo había ayudado con gran amor y paciencia en su largo proceso de formación.

Había sufrido demasiado José como para ser arrogante con lo que Dios entregaba en sus manos al hacerlo gobernador, o para pensar que los méritos en toda esta obra maravillosa eran suyos; y ya no existía arrogancia para querer que las personas se inclinaran delante de él, como sí lo quiso cuando era tan sólo un adolescente.

Esto es parte de lo que Dios necesita y quiere en nosotros, para poder entregar cosas grandes en nuestras manos: *humildad a prueba de exaltación*. Si no tenemos esto, es porque aún no hemos superado el proceso de formación que necesitamos. José, luego de años de prueba, podía ser humilde al ser exaltado; reconociendo, por ejemplo, que su capacidad para interpretar sueños pertenecía a Dios, y no a él; como vemos que declaró a Faraón, en Génesis 41.16: *"Respondió José a Faraón, diciendo: **No está en mí; Dios será el que dé respuesta propicia a Faraón**".*

> *Nuestras más grandes pruebas tienen lugar cuando somos exaltados.*

José fue humilde en medio de la exaltación que Dios le dio, al hacerle el hombre más importante de Egipto después de Faraón; y por ello no sacó provecho de su posición privilegiada para vengarse de sus hermanos, a pesar de que ellos le hubieran vendido como esclavo en el pasado, y hasta hubieran pensado en terminar con su vida.

Y es que, cuando alguien nos hizo daño y le encontramos de nuevo en el camino que es la vida, es difícil no actuar con soberbia; más aún cuando tenemos el poder para tomar venganza por nuestra propia cuenta. Sólo un corazón humilde, que comprende la obra de Dios, puede actuar de manera correcta frente a esta situación, e incluso alegrarse en compañía de quienes le hicieron daño un día; como hizo José con sus hermanos, según leemos en Génesis 43.34: *"Y José tomó viandas de delante de sí para ellos; mas la porción de Benjamín era cinco veces mayor que cualquiera de las de ellos. Y bebieron, **y se alegraron con él**"*.

Las más grandes pruebas de humildad tienen lugar cuando somos exaltados, y es allí cuando se puede ver qué tan humildes somos en realidad. Al fin y al cabo, hay personas que actúan con humildad porque nunca han tenido el poder para hacer lo contrario; pero, basta que tengan la oportunidad de ser altivos, y lo serán. Como alguno dijo por ahí: *"Si quieren saber cuán humilde es alguien, entréguenle el poder"*.

Pruebas superadas y sueños cumplidos

"Voy a llevar el sol para la casa"; es la frase expresada por el pequeño Juan José mientras los rayos del sol caen directamente en su rostro, al ir sentado en su silla de bebé en el vehículo de mamá.

Su madre trata de comprender lo que dice su pequeño, mientras le pregunta "a qué se refiere".

Luego de mucho pensar, mamá cae en cuenta de que esta es una frase muy usada por ella, cuando Juan José se está portando mal fuera de casa, cuando entonces le dice: "Si continúas actuando así, te voy a llevar para la casa". Una risa sale de la boca de mamá, quien ha comprendido que su pequeño hijo está *sermoneando* al sol, porque le está quemando su rostro; y le afirma que "de seguir así, lo llevará para la casa".

Como vimos en Juan José, los niños hacen las cosas que ven hacer a sus padres; y, en parte por esto, Dios quiere que nosotros seamos como ellos, aprendiendo y poniendo por obra lo que vemos en Él. Los niños en esto son tan buenos, que no hace falta esperar mucho tiempo para comenzar a ver en ellos el reflejo de lo que son sus padres; y eso es lo que Dios desea que hagamos nosotros porque, en la medida en que practiquemos su palabra y ejemplo, estaremos listos para recibir un sinnúmero de bendiciones que ha preparado de antemano, y que en nosotros por ahora son sólo sueños, o incluso cosas inimaginables.

> *Nuestros anhelos comenzarán a cumplirse cuando las pruebas sean superadas.*

Nuestros anhelos comenzarán a cumplirse cuando nuestras pruebas sean superadas, y esto se dará cuando nuestras acciones estén en línea con la enseñanza que Dios nos está dando.

Superaremos las pruebas cuando, al enfrentar situaciones que podrían revivir aquello que Dios reemplazó con una nueva enseñanza, actuemos conforme a lo que Dios nos enseñó.

Para José, su *prueba de fuego* al respecto llegaría cuando, al tener el poder para vengarse de los *causantes* de su aflicción, no lo hiciera y fuera humilde, según Dios le había enseñado. ¡Qué prueba de fuego! Porque, ¿qué desea más un orgullo herido que la venganza? y ¿qué mayor prueba para nuestra humildad que ser humildes con nuestro *enemigo* cuando su vida está en nuestras manos?

Muchos años pasaron para el hijo de Jacob, y por fin era el tiempo del cumplimiento de los sueños que Dios le había dado un día. Era el momento, y *el sol, la luna y las estrellas* comenzaban a moverse de sus lugares para inclinarse ante José, tal y como lo había visto aquella noche de su juventud, en aquel sueño que ya borroso se veía (Génesis 37.9: *"Y soñó aún otro sueño, y lo contó a sus hermanos, diciendo: He aquí que he soñado otro sueño, y he aquí que el sol y la luna y once estrellas se inclinaban a mí"*).

Sin embargo, el cumplimiento de aquellas visiones estaba sujeto a que José actuara en obediencia a la enseñanza que su Dios le había dado, a que peleara como un verdadero valiente por su bendición, desafiando a la maldad que habita en las regiones celestes y a su propia humanidad; tanto al ser formado, como al ser exaltado.

Ahora, al hablar de *el sol, la luna y las estrellas* en medio de esta historia, llega a mi mente un pensamiento emocionante: Cada vez que somos probados en *el campo de batalla de la fe*, el universo entero, en especial el mundo espiritual, se encuentra expectante a nuestra prueba; y, ante tal expectativa, sólo nuestro proceder será la respuesta que nos saque en victoria, o en derrota.

Es un escenario *espectacular* para la creación, en el cual está, por un lado, Dios, ofreciéndonos una victoria segura, invirtiendo recursos y apostando por nosotros; y, por otro lado, el enemigo de nuestras almas, procurando que caigamos y permanezcamos alejados del cumplimiento de nuestros sueños.

Este es el verdadero trasfondo de las pruebas que vivimos, y cuando lo comprendemos es más fácil tomar la decisión correcta al ser probados, la decisión que agrada a Dios y nos liberta, la que hace que el paso por el desierto se acorte porque estamos listos para la tierra prometida, y listos para recibir bendición. Por el contrario, cuando no comprendemos que estamos en medio de un escenario espiritual, estamos perdidos; porque desconocemos a nuestro verdadero enemigo, y a nuestra verdadera batalla.

José había sido formado en la humildad y, al superar la prueba, estaba listo para que su padre, hermanos y muchas personas más, dependieran de su cuidado. El hijo de Jacob estaba listo para que Dios pusiera en sus manos muchas vidas, que necesitaban protección y no una persona que arrogantemente les dijera que *"se arrodillarían frente a él"*, como había hecho José en el pasado (Génesis 37.9).

El tiempo para el cumplimiento de los sueños de José era llegado, como se llega y cumple toda promesa dada por Dios, quien no miente y cuya palabra es suficiente garantía de que las visiones dadas se harán realidad. Ahí estaban los hermanos de José, tal y como los había visto él un día por medio de sueños, rindiéndole honor y reconocimiento, como muestra Génesis 43.26: *"Y vino José a casa, y ellos le trajeron el presente que tenían en su mano dentro de la casa, **y se inclinaron ante él hasta la tierra**"*.

Ahora bien, luego que los hermanos de José estuvieran establecidos y a salvo en la tierra de Egipto, de alguna manera existía la posibilidad de que el buen proceder de José hacia ellos sólo se tratara de que estuviera reteniendo su venganza para no causar más sufrimiento a su padre Jacob; y los hermanos de José entendían esto, por lo cual, al morir su padre, gran preocupación les sobrecogió, como vemos en Génesis 50.15-17:

*"Viendo los hermanos de José que su padre era muerto, dijeron: **Quizá nos aborrecerá José, y nos dará el pago de todo el mal que le hicimos. Y enviaron a decir a José: Tu padre mandó antes de su muerte, diciendo: Así diréis a José: Te ruego que perdones ahora la maldad de tus hermanos y su pecado, porque mal te trataron;** por tanto, ahora te rogamos que perdones la maldad de los siervos del Dios de tu padre. **Y José lloró mientras hablaban**"*.

Sin embargo, los demás hijos de Jacob no habían comprendido que Dios había hecho una obra perfecta, y que ésta incluía la bendición de ellos mismos, por lo cual no debían temer. Tanta claridad les faltaba al respecto que, pensando que no estaban a salvo, decidieron decir a José que *"su padre, en vida, había mandado pedir el perdón de ellos"*; lo cual seguramente no era verdad, porque Jacob se lo hubiera dicho a José estando vivo.

Y es que, al ver la situación de los hermanos de José, pienso que en muchas ocasiones nos cuesta creer que haya tanta misericordia y bendición para nosotros, cuando sabemos que no somos merecedores de esto. Sin embargo, así es nuestro Dios, abundante en bien y misericordia para con todos los humanos, cuánto más para con aquellos que hemos recibido y conocido su nombre.

No sabemos con certeza la causa del llanto de José, al oír a sus hermanos acerca de la supuesta petición de su padre antes de morir; pero, pienso que esto se trató de una mezcla de varias cosas: dolor, al ver la difícil situación de incertidumbre que vivían sus hermanos, debido a sus errores del pasado; nostalgia, por recordar a su padre, que ya no estaba con ellos; y, tristeza, al pensar que sus hermanos se sentían con temor ante él, sin comprender que los amaba y los había perdonado.

> *Quienes pasamos por el proceso de formación que Dios da, aprendemos que no somos dignos de tirar la primera piedra.*

No sabemos con certeza por qué lloró José, pero una cosa sí sabemos: finalmente, el joven de la túnica de colores procedió conforme a la voluntad de Dios, gracias a que su prueba había sido verdaderamente superada.

Humanamente, sabemos que José contaba con razones de peso para vengarse de sus hermanos, pero… ¿por qué no lo hizo?

Porque, quienes pasamos por el proceso de formación que Dios da, aprendemos que no somos dignos de tirar la primera piedra hacia los demás; que no estamos como jueces de ellos; y que, si Dios mirara a los pecados, nadie podría estar en pie delante de Él (Salmos 130.3: ***"Jehová, si mirares a los pecados, ¿Quién, oh Señor, quedaría en pie?"***).

Sólo Dios es santo por naturaleza, y José lo sabía con mayor certeza luego de superar sus pruebas, por lo cual no negó a sus temerosos hermanos el perdón que de Dios él también había recibido, como vemos en Génesis 50.19: *"Y les respondió José: No temáis; ¿acaso estoy yo en lugar de Dios?"*.

Hay bendición para todos

El pequeño Juan José manifiesta que "no quiere ni siquiera un poquitico la compañía de su tío Juan Diego", mientras que, medio dormido y molesto, ve que su madre le trata de cambiar la ropa de calle que lleva puesta por su pijama de dormir.

El pequeño se quedó dormido en el vehículo de mamá, mientras esperaban la llegada del amado tío en el aeropuerto, pues el vuelo se retrasó en esta ocasión. Las cosas no salieron como se planearon, y alguien ha visto interrumpidas sus horas de sueño, y su comodidad.

Mientras miro al pequeño y su justa molestia, veo que los planes y acciones de los seres humanos no siempre resultan en beneficio de todas las personas alcanzadas por sus efectos, a pesar de que la intención original esté llena de bondad y de sentido común.

Entiendo entonces como razonable, acerca de la voluntad humana, el dicho que reza que: "No es posible tener contentos a todos"; y, sin embargo, también entiendo que, de manera inversa, la voluntad y los planes de Dios siempre incluyen bendición para todos y cada uno de sus amados; aunque es cierto que se necesita tener paciencia para poder comprobarlo.

> *Los errores de los demás no nos justifican para obrar mal.*

La obra del Creador trae consigo el bienestar de cada uno de sus hijos, contrario a lo que algunos creen de manera equivocada. De hecho, es extraño, pero real, ver a algunos que se piensan *más merecedores ante Dios que los demás* y que se creen *hijos mimados* de un Dios que, en realidad, *"no hace acepción de personas"* (Romanos 2.11), sino que a cada cual forma según su necesidad particular, rodeándole de gracia y permitiéndole cosechar de aquello que ha sembrado.

En la historia de José había llegado, además del momento de formación para él, el tiempo de un trato especial para disciplinar a sus hermanos y a su padre; porque Dios también les amaba a ellos, y eran parte importante de sus planes y de su pueblo escogido.

Los hermanos de José habían errado al pensar que era justo maltratar y vender como esclavo a José, justificándose con el dolor que les producía ver que su padre les ponía en segundo lugar después de aquel joven que vestía arrogantemente su túnica de colores, y con lo humillante que resultaba escuchar a José contando de manera imprudente sus *sueños de grandeza*. Sin embargo, aunque ellos contaban con razones de peso para que José no fuera *el centro de sus afectos*, erraban al proceder, perdiendo de vista el hecho que los errores de los demás no nos justifican jamás para obrar mal; y, por esto, era necesario que Dios les diera una lección.

> *Dios usa a personas que están cerca de nosotros para formarnos, y nos usa para ser parte de la formación de algunos de ellos.*

Ahora, es interesante ver que Dios usa a personas que están cerca de nosotros para formarnos, pero también nos usa a nosotros para ser parte de la formación de algunos de ellos. Esto fue lo que sucedió en esta historia, pues los hermanos de José fueron usados como parte del proceso de formación de él, al tratarle mal y venderle; y el mismo José fue usado posteriormente para la corrección del mal proceder de ellos, cuando, por causa del hambre de la tierra, sus vidas quedaron en manos de aquel que habían maltratado y vendido; y todo esto sucedía en medio del plan perfecto de Dios.

Los demás hijos de Jacob no lo sabían, pero llegaba la hora de ser disciplinados; y el escenario usado por el Creador para cumplir su propósito en este caso sería una gran falta de alimentos en la tierra, por medio de la cual los llevaría hacia su hermano José; reuniendo de nuevo a su pueblo escogido, y continuando su proceso de formación en sus vidas particulares, como muestra Génesis 42.1-2:

*"Viendo Jacob que en Egipto había alimentos, dijo a sus hijos: ¿Por qué os estáis mirando? Y dijo: He aquí, **yo he oído que hay víveres en Egipto; descended allá, y comprad de allí para nosotros, para que podamos vivir, y no muramos**".*

Ahora, si bien es cierto que los hermanos de José necesitaban aprender una lección al ver sus vidas depender de aquel a quien habían hecho daño en el pasado, también su padre Jacob necesitaba dejar de lado sus favoritismos entre sus hijos; lo cual, seguramente, había ayudado para que sucediera esta lamentable tragedia familiar que tuvo lugar con la desaparición de José.

Favorecer a unos hijos más que a otros, era algo que continuaba en el corazón de Jacob al buscar alimentos en Egipto, por lo cual dejó entonces a su hijo Simeón en poder de los egipcios, con tal de proteger a su *nuevo favorito,* luego de la pérdida de José, a Benjamín.

Sólo el fin de las provisiones alimenticias hizo que Simeón fuera rescatado, pues Jacob necesitaba nuevamente y de manera apremiante tomar alimentos de Egipto, como vemos en Génesis 43.2: *"y aconteció que **cuando acabaron de comer el trigo que trajeron de Egipto,** les dijo su padre: Volved, y comprad para nosotros un poco de alimento".*

Jacob necesitaba rendir ante Dios sus preferencias entre sus hijos, por las cuales había ya pagado un alto precio al perder a José y estaba a punto de perder también a Benjamín; y, finalmente, terminó por hacerlo, se rindió ante Dios aceptando su voluntad soberana, incluso si de perder a su hijo Benjamín se trataba, como vemos en Génesis 43.14: *"Y el Dios Omnipotente os dé misericordia delante de aquel varón, y os suelte al otro vuestro hermano, y a este Benjamín. **Y si he de ser privado de mis hijos, séalo**"*.

> *Somos un hilo en la gran tela del pueblo de Dios. No podemos pensar que la tela está compuesta sólo por nosotros.*

Al igual que cada miembro de la familia de José, todos los que pertenecemos a la familia de la fe y otros a nuestro alrededor que aún no han aceptado a Jesús (pero lo harán), nos encontramos en medio del proceso de formación de Dios; y, aunque seguramente somos formados en aspectos muy diferentes, tenemos en común que estamos en las manos y en los planes del mismo Dios que nos ama.

No es nuestra tarea ser jueces de los demás, aunque es posible que Dios nos use como instrumentos en su proceso de cambio.

Estamos juntos en esto, y hay bendición para todos. No debemos actuar como *islas egocéntricas*, como si Dios nos tuviera a nosotros como el único destino de su gracia y amor. Somos un hilo más en la gran tela del pueblo de Dios y, aunque Dios nos cuida y bendice de manera particular, no podemos pensar que la tela está compuesta sólo por nosotros.

Se requiere de mí una pronta decisión

Hoy es el día conocido mundialmente como Halloween, en el cual muchos niños se desplazan por las calles de la ciudad para pedir dulces en las casas; y, aunque los cristianos sabemos que esta es una celebración de la cual no debemos participar por sus orígenes oscuros, he recibido una valiosa enseñanza en este día, por medio de los niños que inocentemente han salido de sus casas en busca de golosinas.

Mientras marcho del trabajo al apartamento en el cual resido hace algún tiempo, voy encontrando por el camino a cientos de pequeños disfrazados tocando puerta a puerta por los diferentes barrios, en busca del preciado botín del día de Halloween: una bolsa llena de dulces. Sin embargo, al ingresar al edificio donde vivo, me encuentro con un cuadro un poco diferente:

Los dos niños del apartamento 102 están a la puerta de su hogar, escuchando a sus padres decir que "sólo les permitirán pedir golosinas al interior del edificio"; lo cual hacen por cuestiones de seguridad frente a esta fecha de oscuras celebraciones, a las cuales se les atribuye la desaparición de algunos niños en diferentes lugares del mundo.

La situación de los pequeños habitantes del apartamento 102 se ve agravada, al considerar que en el bloque de apartamentos en que residimos sólo hay diez viviendas, por lo cual argumentan apesadumbrados que "de pedir golosinas solamente en este espacio tan reducido, no podrán llenar sus bolsas nunca".

Después de todo, la presión generada por los deseos de salir a la calle en busca de su preciado botín y por la necesidad de decidir si aceptan la oferta de sus padres, no impide que los niños tomen la decisión correcta al acogerse a la instrucción recibida; entendiendo, además, que es mejor obtener por lo menos un poco de dulces al interior del conjunto de apartamentos, antes que rebelarse y terminar sin salir de casa y sin una sola golosina en sus bolsas.

En este Halloween estaban los niños del apartamento 102 y sus protectores padres, representando una escena que yo conozco muy bien, y que casi siempre que la veo cuenta con los mismos dos *actores principales*: **Dios y yo.**

Dios, protegiéndome, movido por su eterno amor y su infinita sabiduría; quien, a diferencia de mí, puede ver más allá del presente inmediato, y sabe que el día de hoy lo mejor para mí es *no salir del edificio*.

Yo, pensando que mi felicidad depende de llenar rápidamente *mi bolsa de dulces* con el cumplimiento de mis sueños; incómodo en medio de posibilidades que, a mis ojos, parecen muy reducidas, y con la necesidad de tomar decisiones en medio de ellas; decisiones como la que tuvo que tomar José al reencontrarse con sus hermanos en tierra egipcia, luego de muchos años.

Y es que, al recibir en Egipto a sus hermanos en busca de alimentos, José se enfrentaba a la necesidad de tomar una decisión acerca de su proceder frente a ellos; y, para esto, José contaba entonces con un espacio de tiempo tan reducido para decidir, como el espacio físico que tuvieron para llenar sus bolsas de dulces en Halloween los niños del apartamento 102, porque sus hermanos llegaron de manera inesperada.

Después de años de formación, José se veía enfrentado a su *prueba de fuego*, y necesitaba decidir cómo iba a actuar ante quienes tanto daño le habían hecho y ahora venían en busca de su ayuda. Dentro de José se libraba una intensa batalla, entre la posibilidad de actuar según lo aprendido en todos estos años de formación y la opción de vengarse por todos los daños recibidos. De la misma manera que los gemelos Jacob y Esaú luchaban en el vientre de Rebeca, José tenía una lucha de posibilidades en su interior, y era necesario tomar una pronta decisión al respecto.

Finalmente, la historia nos cuenta que el hijo de Jacob rechazó los sentimientos que no le convenía albergar dentro de sí, y se decidió por aquellos que estaban alineados con el sentir de Dios; y el primer efecto de esta decisión fue darse a conocer a sus hermanos, como vemos en

> *Lo más difícil en ocasiones puede ser tomar una decisión.*

Génesis 45.1: *"No podía ya José contenerse delante de todos los que estaban al lado suyo, y clamó: Haced salir de mi presencia a todos. Y no quedó nadie con él, al darse a conocer José a sus hermanos"*.

Lo más difícil en ocasiones puede ser tomar una decisión, en especial si se requiere una pronta respuesta de nuestra parte y si somos realmente temerosos de Dios; porque nuestro anhelo es permanecer en su perfecta y agradable voluntad.

José tomó la decisión correcta, y esto fue posible en gran medida porque había pasado por un proceso de formación que llenó su corazón de humildad, pero también porque hizo algo que sólo le correspondía a él hacer: *decidirse* por la voluntad de Dios.

Luego que José tomara esta decisión trascendental en su vida (de seguro nada fácil), pudo librar una batalla *de fuego* con uno de sus más antiguos y grandes enemigos… el orgullo.

José decidió permanecer en la libertad que Dios le había dado y, como consecuencia de esto, pudo proceder libremente, haciendo cosas tales como llorar frente a sus hermanos y acogerlos con besos de reconciliación y perdón, como leemos en Génesis 45.15: *"Y besó a todos sus hermanos, y lloró sobre ellos; y después sus hermanos hablaron con él"*. Todo por causa de una sola decisión.

José estaba superando la *prueba reina* de su proceso de formación, su *tesis de grado*, al decidirse por perdonar a sus hermanos; y el *broche de oro* de su buen proceder fue reconocer que todo lo que había sucedido era la voluntad de Dios, y que Él así lo había permitido para a la postre hacerle bien a cada uno de ellos, como podemos ver en Génesis 45.4-8:

"Entonces dijo José a sus hermanos: Acercaos ahora a mí. Y ellos se acercaron. Y él dijo: **Yo soy José vuestro hermano, el que vendisteis para Egipto. Ahora, pues, no os entristezcáis, ni os pese de haberme vendido acá; porque para preser-**

vación de vida me envió Dios delante de vosotros. Pues ya ha habido dos años de hambre en medio de la tierra, y aún quedan cinco años en los cuales ni habrá arada ni siega. Y Dios me envió delante de vosotros, para preservaros posteridad sobre la tierra, y para daros vida por medio de gran liberación. Así, pues, **no me enviasteis acá vosotros, sino Dios,** *que me ha puesto por padre de Faraón y por señor de toda su casa, y por gobernador en toda la tierra de Egipto".*

> Las cosas difíciles que nos sucedieron fueron medios para recibir bendiciones de Dios.

Una de las muestras seguras de que estamos superando una prueba es que entendamos, al igual que hizo José, que aquellas cosas que nos sucedieron, aunque difíciles para nosotros, no necesitan que busquemos a sus culpables, sino que sepamos que fueron medios útiles para poder ver, a través de ellas y de nuestra paciencia para esperar el momento de la exaltación, que las palabras escritas por el apóstol Pablo en su carta a los romanos en el capítulo 8 y versículo 28, no sólo son un buen deseo de parte de Pablo, sino una gran verdad de Dios para ser vivida por nosotros. Nuevamente: *"Y sabemos que a los que aman a Dios, todas las cosas les ayudan a bien, esto es, a los que conforme a su propósito son llamados".*

¡Cuánto cambiamos luego de sufrir! En algunas ocasiones, para bien; pero en otras, tristemente, nos decidimos por ser peores y más duros por causa del orgullo y la soberbia...

¡Cómo ha cambiado aquel José desde que tenía diecisiete años! Siendo tan sólo un adolescente, sin prudencia y con soberbia, no tenía reparo en declarar a su familia que *"un día se inclinarían delante de él"*. Mas ahora tiene una visión diferente de las cosas; y su decisión es reconocer que no es él, sino su Dios, quien ha hecho toda esta obra salvadora que ven sus ojos. Entiende, además, que el poder que le ha sido dado es para humillar su vida en servicio a los demás, y para cumplir el propósito de su Señor al dar sustento para su familia, como declaró él mismo y fue registrado en Génesis 45.9-11:

*"**Daos prisa, id a mi padre y decidle: Así dice tu hijo José: Dios me ha puesto por señor de todo Egipto; ven a mí, no te detengas. Habitarás en la tierra de Gosén, y estarás cerca de mí, tú y tus hijos, y los hijos de tus hijos, tus ganados y tus vacas, y todo lo que tienes. Y allí te alimentaré, pues aún quedan cinco años de hambre, para que no perezcas de pobreza tú y tu casa, y todo lo que tienes**".*

La obra de Dios en nosotros evidencia su éxito en las decisiones acertadas que tomamos, sobre todo en aquellas que tienen lugar en momentos llenos de presión y nos requieren una pronta respuesta.

También, cuando Dios está exaltando nuestra vida, sin duda alguna la decisión correcta es continuar actuando de acuerdo a la enseñanza recibida del Creador; comprendiendo, entre otras cosas, que no es un tiempo para buscar culpables o hacer reproches, sino que por el contrario es un momento de bendición y gracia, tanto de parte de Dios hacia nosotros, como de parte nuestra hacia los demás. Finalmente, el propósito de Dios se ha cumplido, y eso es lo importante.

MI PROPÓSITO CUMPLIDO

6

Me pregunto:

Todo saldrá bien?
¿Cómo terminará
mi historia?

Un versículo para recordar:

"Jehová cumplirá su propósito en mí; Tu misericordia, oh Jehová, es para siempre; No desampares la obra de tus manos
Salmos 138.8.

El proceso de formación de Dios nos llevará al cumplimiento de su maravilloso propósito en nosotros; y, aunque sea doloroso, el plan de Dios es perfecto.

Nuestro sufrimiento tiene grande esperanza; aunque ser formados no será el final de nuestra lucha, sino que tendremos que batallar confiando en nuestro Salvador hasta nuestro último suspiro.

Confianza en Dios, esa será la clave de nuestra victoria sobre la aflicción; el Señor Jesucristo lo dijo de esta manera, en la parte final de Juan 16.33: *"En el mundo tendréis aflicción; pero confiad, yo he vencido al mundo".*

El plan es perfecto y todo saldrá bien

La madre de Juan José abre sus ojos en la madrugada y, aterrada, observa que su bebé de escasos días de nacido no está dentro de la cuna que se encuentra a su lado, en la cual le acostó la noche anterior.

Con gran terror, se levanta en busca del pequeño y, despertando también a su esposo, luego de una búsqueda angustiosa, lo encuentra en la base inferior de la cuna. El bebé cayó unos treinta centímetros desde la base superior, por un pequeño orificio, y quedó escondido.

¡Qué gran susto! Pero, de manera milagrosa, nuestro Juan José está sano, salvo y tan dormido como lo dejó mamá la noche anterior.

Experiencias de pánico y terror, como la vivida por la madre de Juan José aquella madrugada, traen a nuestra mente, además de nuestra fragilidad, la importancia que tiene el cuidado de las personas que nos aman, pero también su insuficiencia

Dios garantiza a sus seguidores que el sufrimiento se convertirá en algo bueno.

si no contamos con el cuidado del único Dios que puede garantizar un buen final para todo.

El Creador del universo nos ha regalado miles de promesas por medio de su Palabra. Una de ellas, ya mencionada en capítulos anteriores, está en Romanos 8.28, y es una de mis favoritas porque nos garantiza que *"al amar a Dios, todas las cosas nos van a ayudar para bien"*. Esta promesa es en realidad algo maravilloso; y sólo puede ser cumplida por Dios, quien cuenta con un poder infinito, que le permite garantizar a sus seguidores que aun el sufrimiento experimentado se convertirá un día en algo bueno. Eso sí, vale la pena recordarlo de nuevo, hay un requisito para ver cumplida esta gran promesa: *Paciencia*.

Dios, dando cumplimiento a su eterna palabra y en especial a lo prometido en el capítulo ocho de Romanos (incluso muchos años antes que el apóstol Pablo escribiera esta epístola), hizo que todo lo vivido por José terminara por ayudarle para bien a él mismo; y no sólo a él, sino a todo el pueblo de Israel, a Egipto e incluso a todos los habitantes de la tierra, quienes se vieron beneficiados con la reserva de alimentos hecha por el gobierno egipcio para el tiempo de escasez.

> *Dios toca la vida de quienes se lo permiten.*

Y es que, cuando dependemos de Dios, nada de lo que sucede en nuestras vidas carecerá de sentido y bondad al final, aunque por momentos parezca no ser así. Las únicas personas que no comprueban la fidelidad de Dios son aquellas que, luego de retirar su confianza de Él, la depositan en alguien o en algo que al final sólo les traerá tristeza y desesperanza de manera irremediable.

Dios toca la vida de quienes se lo permiten, y absolutamente todo lo que hace tiene un propósito. Situaciones trágicas, como ser sometido a esclavitud o pagar una injusta condena en prisión, pueden tornarse en grandes bendiciones si buscamos y logramos esperar las respuestas del Creador.

Ahora, es necesario aclarar que Dios no ocasiona lo malo que experimentamos, pero puede valerse de ello y hacer que todo al final redunde en un buen resultado para nuestras vidas, si le permitimos cumplir su propósito en nosotros.

Muchos nos podríamos preguntar: *"¿Por qué José no regresó nunca a su casa?"*, pues no debía ser tan difícil averiguar el camino de regreso; y la respuesta a este interrogante es sencilla: ¡Todo en Dios tiene un propósito!

Dios permitió que José fuera esclavo y luego preso porque, además de ser necesario para su formación, era preciso que el hijo de Jacob fuera retenido en tierra egipcia y que no tuviera la libertad de regresar a casa de su padre; porque allí, en Egipto, Dios lo pondría como gobernador, y por medio de él salvaría al pueblo de Israel de la falta de alimentos que vendría sobre la tierra.

Ahora bien, es cierto que el plan de Dios se cumplió finalmente con el pueblo de Israel, al refugiarlo en Egipto durante el hambre en tiempos de José; pero, tan importante como esto, también se cumplió el propósito divino en la historia particular del joven de la túnica de colores; no sólo al formarle en la humildad o al hacerle gobernador de Egipto, sino al bendecir todas las áreas de su vida, incluyendo la sentimental al darle un hogar (Génesis 41.45,50); porque Dios tiene cuidado de cada aspecto de nuestra existencia.

El hijo de Jacob era una de las estrellas de ese gran firmamento que el Señor mostró a Abraham, aquella noche en que le prometió que su descendencia sería *"como las estrellas del cielo"* (Génesis 22.17); y Dios tendría cuidado de aquel gran firmamento, pero también de aquella *pequeña estrella* llamada José. Después de todo, un hermoso cielo no es posible si no se cuenta con la belleza de muchas pero particulares estrellas; de la misma manera que no es posible la historia de la hermosa iglesia de Jesucristo, si no es por las muchas pero particulares historias de quienes la conforman.

> *Dios es fiel, a nosotros y a sus buenos deseos para nuestras vidas.*

El cumplimiento del plan de Dios en nuestras vidas está en curso; y es necesario entender que Dios, en su fidelidad, no nos dejará sin la corrección que necesitamos para cumplir su buen propósito; aunque esto signifique que experimentemos aflicción de manera temporal, como sucedió a José.

Dios es fiel, a nosotros y a sus buenos deseos para nuestras vidas, y es por eso que en ocasiones somos afligidos, como enseña el escritor en Salmos 119.75-76: *"Conozco, oh Jehová, que tus juicios son justos, Y que **conforme a tu fidelidad me afligiste**, Sea ahora tu misericordia para consolarme, Conforme a lo que has dicho a tu siervo".*

Ahora, es cierto que ser afligidos no parece ser el más atractivo de los planes pero, en medio de la formación que nos aflige, debemos tener presente lo citado por el escritor a los hebreos en el capítulo 12 y versículo 11, donde nos recuerda que no sufrimos en vano quienes somos corregidos por Dios: ***"Es verdad que ninguna disciplina al presente parece ser causa de gozo, sino de tristeza; pero después da fruto apacible de justicia a los que en ella han sido ejercitados".***

> *Es necesario aceptar nuestra historia.*

En este proceso de formación y aflicción, muy seguramente pensamos que, si pudiéramos retroceder el tiempo, intentaríamos cambiar muchas cosas que marcaron nuestra existencia de manera negativa: Aquella mala decisión sentimental, aquella ofensa lanzada sin pensar, aquella oportunidad desaprovechada y, en fin, muchas cosas más. Sin embargo, para acogernos al plan de bendición preparado por Dios, es necesario comenzar por aceptar nuestra historia.

La vida que Dios nos ofrece no se trata de detenernos a pensar en el pasado; sino de creer en el perdón, en la nueva vida y en el control de Dios sobre nuestra existencia. Debemos permitir que Dios sane nuestras heridas, y creer que Él hará que al final todo nos ayude para bien, como hizo con José y con su familia.

Los hermanos de José, por su parte, al llegar a Egipto, necesitaban más que nunca dejar de pensar en un pasado que los atormentaba por haber vendido a José como esclavo, como vemos en Génesis 42.21-22: *"Y decían el uno al otro:* ***Verdaderamente hemos pecado contra nuestro hermano, pues vimos la angustia de su alma cuando nos rogaba, y no le escuchamos; por eso ha venido sobre nosotros esta angustia. Entonces Rubén les respondió, diciendo: ¿No os hablé yo y dije: No pequéis contra el joven, y no escuchasteis? He aquí también se nos demanda su sangre"***.

El pecado de los hermanos de José al venderlo, había quedado oculto para muchos en medio de la historia, pero permanecía como un eterno presente dentro de las mentes de ellos a pesar del paso de los años, y algo similar puede estar sucediendo hoy en nuestras vidas... ¡Cuántas noches en vela pensando en aquel error que tanto daño trajo a la familia! ¡Cuántas horas gastadas deseando retroceder el tiempo para no cometer aquella falta!

Este sentimiento de culpa experimentado era necesario hasta cierto punto, porque era parte de la obra regeneradora de Dios en sus vidas; no obstante, incluso su mal proceder al vender a su hermano, llegaría a ser un bien, tanto para José como para ellos mismos, pues así serían salvados del hambre. Y es que, el Creador, además de corregir nuestros errores y sanar nuestras heridas, se vale de ellos para cumplir sus planes perfectos.

El plan de Dios se vale de errores de seres imperfectos para crear obras perfectas.

El plan de Dios va en marcha, valiéndose de errores de seres imperfectos para crear obras perfectas; considerando, a diferencia de nosotros muchas veces, los resultados más allá del presente y del futuro inmediato; como hizo al salvar del hambre a aquellas personas que conformaban la familia de Jacob, quienes, aunque eran pocas entonces, eran el comienzo de una multitud tan grande que no se podría contar (Génesis 16.10).

Y es que, Dios salvó *muchas vidas* con esta estrategia cumplida a través de la familia del patriarca Jacob, en especial por medio de José; porque, aunque entonces la casa de Israel estaba conformada tan sólo por setenta vidas humanas (Génesis 46.27), no se trataba de cualquier tipo de personas, sino de los portadores de las promesas hechas por Dios a Abraham al decirle como se registró en Génesis 22.17: *"de cierto te bendeciré, y multiplicaré tu descendencia como las estrellas del cielo y como la arena que está a la orilla del mar; y tu descendencia poseerá las puertas de sus enemigos"*.

Eran sólo setenta personas, pero Dios visualizaba el futuro de *esos pocos*; y contemplaba, a la distancia, tanto a su descendencia según la carne, como a los gentiles que recibirían la salvación que saldría de Israel cuando viniera Jesucristo; porque el plan de Dios tiene una visión que va más allá de lo que los humanos podemos ver.

El plan perfecto de Dios hace que un prisionero pase a ser el gobernador de la potencia económica del momento, y que tal ex presidiario se convierta en el instrumento de bendición para su pueblo, para la nación egipcia y para el mundo entero.

En el plan de Dios suceden cosas asombrosas, como que aquellos que eran considerados una *"abominación"* para los egipcios pasen a ser *huéspedes de honor de Faraón*. Y es que, los israelitas eran abominables para Egipto, por causa de su labor de pastores de ovejas, como vemos en Génesis 46.33-34: *"Y cuando Faraón os llamare y dijere: ¿Cuál es vuestro oficio? entonces diréis: Hombres de ganadería han sido tus siervos desde nuestra juventud hasta ahora, nosotros* *y nuestros padres; a fin de que moréis en la tierra de Gosén, porque **para los egipcios es abominación todo pastor de ovejas"**.*

Mientras el pueblo de Israel, que había sido formado en medio de un plan perfecto, era protegido, exaltado y sustentado con lo mejor de la tierra de Egipto; el resto del mundo padecía, y se humillaba ante el poderío de José en busca de alimentos. Y todo esto sucedía porque el que se humilla bajo la poderosa mano del Dios de los planes perfectos, será exaltado a su debido tiempo, como afirma el apóstol Pedro en su carta universal en 1 Pedro 5.6: *"**Humillaos, pues, bajo la poderosa mano de Dios, para que Él os exalte cuando fuere tiempo"**.*

> Dios nos pondrá en lugares de honra ni siquiera pensados por nosotros, pero necesitamos mantener nuestra paciencia.

Ahora, en medio de toda esta historia de José y su familia, es bastante interesante ver que se señalen como *"bendiciones"* (Génesis 49.28) las palabras que Jacob declaró para sus hijos antes de morir, en Génesis 49; ya que muchas de ellas no eran precisamente palabras de prosperidad y bienestar, sino que por el contrario parecían castigos. Sin embargo, esto nos lleva de nuevo a considerar la gran verdad registrada por el apóstol Pablo en Romanos 8.28, por medio de la cual sabemos que incluso los *castigos* que de Dios recibimos nos serán para bien en el futuro porque, recordemos una vez más, *"**a los que amamos a Dios todas las cosas nos ayudan para bien"**.*

Por último, José y su familia habían sido formados, y estaban preparados para habitar en lo mejor de la tierra de Egipto, en Gosén; y listos para ser puestos en lugares de privilegio en medio del gobierno egipcio, lo cual seguramente jamás imaginaron. De la misma manera, Dios nos pondrá un día en lugares de honra ni siquiera pensados por nosotros; pero es necesario que mantengamos nuestra paciencia, la cual es de gran valor y nos lleva a recibir las bendiciones que Dios ha preparado.

Somos protagonistas de un plan perfecto que Dios ha trazado; y, aunque Él no causa el mal ni lo desea, se puede valer de éste para cumplir sus buenos propósitos, como vemos que declara José en Génesis 50.20-21: *"**Vosotros pensasteis mal contra mí, mas Dios lo encaminó a bien, para hacer lo que vemos hoy, para mantener en vida a mucho pueblo.** Ahora, pues, no tengáis miedo; yo os sustentaré a vosotros y a vuestros hijos. Así los consoló, y les habló al corazón".*

El dolor de la formación

Una nueva mañana se asoma, trayendo las caricias del sol sobre la ciudad; y, luego de tomar su desayuno como de costumbre, Juan José debe ir al jardín infantil.

Se espera que sea un día común y corriente; sin embargo, hoy hay una petición especial de parte del pequeño hacia su madre: desea que mamá, no sólo lo lleve al jardín como de costumbre, sino que se quede con él acompañándolo en sus clases.

Para la madre de Juan José, este es un gran gesto de amor de parte de su hijo, y se ve conmovida; pero, al mismo tiempo, ella sabe que es necesario que su amado retoño viva ciertas experiencias de manera independiente, y que esto es parte de la formación que él necesita en su vida para el mañana, aunque no sea fácil hoy, ni para él ni para ella. Por tanto, mamá se niega a cumplir la petición recibida.

Ante la negativa, el pequeño se muestra triste pero, después de oír las razones de mamá, va a cumplir alegremente con su jornada de aprendizaje.

> Muchos llegamos al cristianismo pensando que seríamos exonerados del sufrimiento. Afortunadamente esto no es así.

Hay situaciones de nuestra vida en las que solicitamos la presencia de Dios como algo *más visible* y material para nosotros; pidiendo algo así como *poder verlo con nosotros en el jardín infantil al cual asistimos, en lugar de solamente pensar que está atento a la distancia*. Me refiero a esos momentos en que hemos pedido angustiosamente que Dios se haga presente; en los cuales, a pesar de que sabemos que Él siempre está allí como lo prometió, clamamos para poder ver y sentir su respaldo de una manera más palpable; porque necesitamos, más que su palabra, una respuesta materializada de manera urgente, para que cambie aquello que nos está lastimando.

Nuestro Dios, sin embargo, al igual que la madre de Juan José, sabe que el dolor que nos produce la formación es necesario para nosotros, por lo cual permite incluso que nos sintamos solos en esos duros momentos; y todo para que, al final, tengamos un buen fruto para presentar a Él y para disfrutar en nuestras propias vidas.

Ser disciplinados por Dios no parece ser una causa de gozo cuando estamos sufriendo, y hay que decir que en ocasiones la disciplina llega a ser bastante dolorosa. Nadie dijo que ser moldeados por Dios iba a ser algo fácil, y Jesús fue claro al advertirnos que *"en el mundo tendríamos aflicciones"* (Juan 16.33); por lo cual, el dolor que experimentamos al ser formados no nos debe parecer algo extraño, como nos ratifica el apóstol Pedro en 1 Pedro 4.12-13:

*"**Amados, no os sorprendáis del fuego de prueba que os ha sobrevenido, como si alguna cosa extraña os aconteciese,** sino gozaos por cuanto sois participantes de los padecimientos de Cristo, para que también en la revelación de su gloria os gocéis con gran alegría".*

Muchos de nosotros hemos llegado al cristianismo pensando que, por recibir a Cristo, seremos exonerados del sufrimiento, e incluso creemos que los momentos difíciles serán cosa del pasado al nacer a la vida cristiana. Afortunadamente, esto no es así… ¡Cómo! Sí, es algo afortunado, porque tendría que ser Dios un mal padre para no formar nuestro carácter y dejarnos estancados en nuestros errores, en la inmadurez de nuestra fe y alejados de las promesas que nos esperan.

Sabe Dios que es necesario que seamos formados, aunque experimentemos algo de dolor, para que sepamos manejar sus bendiciones cuando lleguen; y sabe también que, aquello que hoy nos causa dolor, será bueno para nosotros en el largo plazo, aunque no lo entendamos por algún tiempo.

> *Hay cristianos que están esperando a que la historia de su vida llegue al capítulo final para comenzar a disfrutarla.*

Ahora, imaginemos un hijo que, lleno de dolor, decide rebelarse contra su padre, porque este último está tratando de aplicarle una medicina por el bien de su salud. ¡Es un error del pequeño, verdad! Y lo que necesitamos comprender es que la corrección de Dios es medicina para nosotros, y que su intención jamás es hacernos daño.

Sin embargo, y por lo general, esto lo aceptamos como verdad sólo cuando el proceso de formación que recibimos ha llegado a su final. Ciertamente, sería mejor creer tal verdad de antemano, para así ahorrarnos tantos momentos que vivimos invadidos de rebeldía y desánimo.

Y es que, hay cristianos que, concentrados únicamente en los dolores presentes, están esperando a que la historia de su vida llegue al capítulo final para comenzar a disfrutarla.

Nos encontramos, por ejemplo, con solteros que no están disfrutando esta importante etapa de sus vidas, por causa de sus ansias desmedidas de casarse, al pensar que se podrían quedar solos si no se apuran; o servidores que no disfrutan sus ocupaciones actuales, por anhelar otras posiciones que ven inalcanzables. Todo esto sucede de tal manera que se deja de disfrutar el presente, por estar pensando en un futuro que no ha nacido y que, en la voluntad de Dios, nacerá sólo en el momento perfecto.

Ahora bien, la invitación que hago no se trata de renunciar al deber y a la emoción de planear, prepararse para el futuro y soñar; sino de que miremos nuestros sueños, al tiempo que mantenemos nuestra confianza puesta en Dios; porque así, al confiar, podremos disfrutar nuestro presente.

Mientras esperamos las respuestas de Dios, podemos deleitarnos en su fidelidad y hacer memoria de la perfección de su ley, de su amor y de las victorias que nos ha dado en el pasado. De esta manera, podremos sobrevivir a las aflicciones presentes; como hizo el salmista, que lo registró para nuestra memoria en Salmos 119.92: *"Si tu ley no hubiese sido mi delicia, Ya en mi aflicción hubiera perecido"*.

> *Nuestra espera se convierte en una oportunidad maravillosa para conocer más del gran poder de Dios.*

En medio del dolor de la formación, debemos tener presente además que, aunque la ley y la justicia del mundo indiquen que no podrá haber un buen resultado a partir de lo que hoy vivimos, nuestras condiciones al depender de Dios son algo así como un *régimen especial* o un *sector VIP* dentro del universo. Y es que, la economía, la salud y cualquier otro aspecto del pueblo de Dios, no dependen de las condiciones del mundo, sino de su Creador.

José vivió bajo la ley y la justicia del mundo, pero confiaba en que la ley y la justicia de Dios son las que prevalecen finalmente y sobre todo. Aunque la justicia de los hombres muchas veces fue injusta con José, al final prevalecieron los propósitos de Dios para su vida, por encima de toda situación. Podemos confiar en Dios, como José; y podemos declarar a Él, en medio del dolor de la formación, como declaró el salmista en Salmos 119.142: ***"Tu justicia es justicia eterna, Y tu ley la verdad"***.

También, en medio del proceso de formación que Dios nos

da a través del tiempo, los cristianos dejamos de caminar con Él sólo por fe. Me explico: Aunque siempre nos será necesario tener la certeza de lo que esperamos y la convicción de lo que no vemos, cuando ya hemos visto manifestaciones de Dios pasamos a creer también por lo que vimos.

Ya las promesas de Dios dejan de ser sólo palabras, y pasan a ser hechos en nuestras vidas; por lo cual, se fortalece nuestra seguridad en lo que Dios nos ha prometido, y comprendemos que Él es digno de toda confianza, a pesar de que en el presente sucedan cosas que no comprendemos; y esto hace que nuestra espera de hoy se convierta en algo emocionante, y en una oportunidad maravillosa para conocer más del gran poder del Dios que nos llamó a su luz admirable.

Por su parte, José, luego de ver el cumplimiento de los sueños que Dios le había entregado siendo un adolescente, sabía por experiencia propia acerca de la fidelidad de Dios hacia sus promesas; y ya no caminaba de la mano de su Creador sólo por fe, sino también por lo que habían visto sus ojos.

El mismo joven de la túnica de colores, a pesar de que un día en medio de la prueba hubiera olvidado lo que soñó, finalmente pudo ver la fidelidad de un Dios que no lo había olvidado, sino que por el contrario cumplió con todo lo prometido… y aún más.

Para aquel José, que ya había sido formado por Dios, no existía otra opción que el seguro cumplimiento de todas las promesas de su Creador; incluso la promesa hecha a sus padres, de llevar un día a Israel a la tierra prometida; por lo cual declaró las palabras registradas en Génesis 50.24-25: *"Y José dijo a sus hermanos: Yo voy a morir; mas* **Dios ciertamente os visitará, y os hará subir de esta tierra a la tierra que juró a Abraham, a Isaac y a Jacob.** *E hizo jurar José a los hijos de Israel, diciendo:* **Dios ciertamente os visitará, y haréis llevar de aquí mis huesos***".*

En medio del dolor de la formación, es necesario pensar, sin desmayar, que Dios tiene el control sobre toda situación y que, aunque a los ojos de los demás parezca que vamos hacia abajo, a la derrota; Dios nos está llevando hacia arriba, a la victoria.

A los ojos humanos, los hermanos de José le estaban vendiendo como esclavo; pero a los ojos de Dios, era enviado delante del pueblo de Israel como héroe de fe, para preservación del pueblo de sus promesas. Ante los ojos humanos, José era un *desdichado* esclavo y luego preso, y la felicidad parecía huir de él; pero a los ojos de Dios, era el próximo gran gobernador de Egipto, y un instrumento útil para enseñar sabiduría a los demás.

Los ojos humanos pueden ver (o no ver) muchas cosas; pero lo importante es lo que ve Dios, quien en la historia de José se valía de estos sucesos (infortunados en su momento) para probarle y para cumplir su propósito en José y en su pueblo escogido, como vemos en Salmos 105.16-22:

"Trajo hambre sobre la tierra, Y quebrantó todo sustento de pan. **Envió un varón delante de ellos;** *A José, que fue vendido por siervo; Afligieron sus pies con grillos; En cárcel fue puesta su persona; Hasta la hora que se cumplió su palabra,* **El dicho de Jehová le probó;** *Envió el rey, y le soltó; El señor de los pueblos, y le dejó ir libre; Lo puso por señor de su casa, Y por gobernador de todas sus posesiones, Para que reprimiera a sus grandes como él quisiese, Y a sus ancianos enseñara sabiduría".*

Luego de mucho sufrir, nuestras almas reciben una fuerza especial de Dios.

En medio del dolor de la formación, nuestras almas usarán una fuerza especial de la cual Dios las dotó para enfrentar el sufrimiento, una especie de *anestesia* que nos permitirá prevalecer para un día preguntar: *"¿Cómo pudimos soportar?".*

No obstante, cuando el dolor de la formación llega a ser tan *intenso*, parece que la alta dosis que usamos de esa *anestesia* tiene el poder para anestesiar también nuestros más profundos sueños e ilusiones, incluso aquellos que entendíamos que Dios mismo nos había dado (como vimos que sucedió a José, cuando desistió del sueño de estar con su familia, según plasmó en el nombre de su hijo en Génesis 41.51).

La intensidad del dolor puede hacer que renunciemos a soñar, y que pensemos que la felicidad definitivamente no se hizo para nosotros; sin embargo, si nos mantenemos en obediencia a pesar de todo, aun muchos sueños que ya duermen se despertarán, ya no para seguir siendo soñados sino para cumplirse.

En medio del dolor de la formación, eventualmente, todo lo que tendremos en nuestras manos será una palabra de parte de Dios, una palabra de esperanza para seguir adelante en medio de una realidad adversa; por lo cual, el proceso de formación es un tiempo para que busquemos diligentes la voz de Dios y para que, al escucharla, nos aseguremos de comprender su mensaje. Estoy convencido que este libro contiene parte importante del mensaje que hoy necesitamos recibir, para poder caminar el camino que tenemos por delante y llegar al destino trazado por Dios para nosotros; porque el dolor de hoy tiene un propósito, no es algo que carezca de sentido.

"Prohibido comer chocolates", es una frase usual dentro de un marco de dieta alimenticia, y es uno de los propósitos de quienes desean bajar de peso, por salud o vanidad; pero, para la gran mayoría de los niños, esta afirmación en realidad representa un gran dolor y una gran prueba.

No es casualidad que muchos de los pequeños, cada vez que obran de manera inadecuada, sean castigados con la prohibición de comer tan delicioso manjar; como tampoco es casual que nosotros hoy seamos probados en aspectos que realmente nos duelen; porque lo que verdaderamente nos pone a prueba es ser privados de aquello que mucho deseamos y que mucho nos cuesta dejar; aquello a lo que nos aferramos, como se aferra un niño a una barra de chocolate.

Somos formados en aquellas cosas que más nos cuesta entregar a Dios, a las cuales nos aferramos, aquellas que no estamos dispuestos a rendir tan fácilmente, ni siquiera ante aquel que llamamos *"Dueño y Señor de nuestra vida"*; y es por esta razón que la formación es dolorosa para nosotros.

> *Somos formados en aquellas cosas que más nos cuesta entregar a Dios, por lo cual la formación es dolorosa.*

Hablo de cosas que, posiblemente, hemos entregado al Señor, pero no para que decida respecto de ellas, sino para que se asegure de que se cumplan tal y como nosotros las queremos. Sin darnos cuenta, podemos incluso poner estas cosas por encima de Dios, ya que nuestra relación con Él se vería seriamente afectada si no cede a nuestras pretensiones; y, de esta manera, desconfiamos de que el Creador tenga buena voluntad para con nosotros, incluso de que pueda tener un plan mejor que el nuestro.

Cuando no nos rendimos por completo ante Dios, inevitablemente, el dolor que vamos a experimentar al ser formados será mayor y más prolongado; por lo cual, nuestra mejor decisión al respecto es rendir verdaderamente a Dios nuestros deseos hoy, en medio del proceso de formación.

Mi vida en servicio es un deseo de Dios

"Una vida rendida en servicio", creo que es una frase que podría resumir la labor de los padres al entregar gran parte de sus vidas en el cuidado y crianza de sus hijos. Es algo que los niños no comprenden a plenitud, y sin embargo corresponden por medio de grandes y valiosas expresiones de amor y gratitud, como su sujeción, su compañía, sus sonrisas, sus abrazos y sus palabras cariñosas.

No obstante, muchos de nosotros, cuando crecemos y nos envolvemos en los múltiples quehaceres de la vida, vamos tan distraídos que olvidamos el gran sacrificio y la entrega que un día tuvieron para con nosotros nuestros padres, quienes hoy se llenan de canas mientras nos miran de lejos y quizás alejándonos cada vez más.

Tristemente, olvidamos su servicio para ayudarnos, especialmente en nuestros primeros días de vida cuando nacíamos al mundo en medio de total indefensión, y perdemos de vista que gracias a ellos hoy vivimos y tenemos muchas cosas.

> Dios desea que desde el primer día de nuestra existencia comprendamos la importancia del servicio hacia los demás.

A pesar de todo, nuestro olvido no anula el gran valor del proceder de nuestros padres al cumplir una de las más grandes misiones que Dios les encomendó: servirnos y, con ello, enseñarnos el valor de servir.

Dios ordenó las cosas de tal manera que los padres sean los primeros servidores de cada vida que llega al mundo; y parece que el deseo de nuestro Creador es que, desde el primer día de nuestra existencia, comprendamos la importancia del servicio hacia los demás. De hecho, nuestro Padre Eterno también nos ha dado ejemplo de servicio, creando un mundo que gira en torno a servirnos y, como si esto fuera poco, bajándose a la condición de hombre (Isaías 9.6 y 1 Timoteo 3.16), para servirnos como Salvador; a pesar de que el costo de su servicio fuera humillación y muerte de cruz.

> El servicio a Dios debe mostrarse principalmente hacia los nuestros.

Comprender la importancia del servicio, además de llevarnos a reconocer la labor de quienes nos han servido a nosotros, nos debe mover a permitir que nuestras vidas sean instrumentos al servicio de Dios y al servicio de aquellos que nos rodean, siendo canales que sirvan para que las bendiciones del Creador lleguen a ellos.

El servicio a Dios debe mostrarse principalmente hacia los nuestros, hacia aquellos que están más cerca de nosotros, como nuestras familias y todas esas personas que Dios puso a nuestro lado y ha confiado a nuestro cuidado (1 Timoteo 5.8: *"**porque si alguno no provee para los suyos, y mayormente para los de su casa, ha negado la fe, y es peor que un incrédulo**"*); porque somos los principales encargados de anunciar a ellos las buenas nuevas del reino de Dios, de honrarlos y de bendecirlos.

Lo propio hizo José, al servir como sustentador a su familia, incluso a pesar de los defectos y errores de ellos, que lo habían afectado a él de manera directa; como vemos en Génesis 47.11-12: *"Así José hizo habitar a su padre y a sus hermanos, y les dio posesión en la tierra de Egipto, en lo mejor de la tierra, en la tierra de Ramesés, como mandó Faraón. **Y alimentaba José a su padre y a sus hermanos, y a toda la casa de su padre,** con pan, según el número de los hijos"*.

En condiciones normales, no es posible que seamos buenos cristianos mientras nuestros familiares piensan de nosotros lo contrario. Si no proveemos para ellos las bendiciones que de Dios recibimos (de la misma manera que José proveyó para los suyos en Egipto), entonces hemos negado nuestra fe en Cristo Jesús; porque, cuando Dios ha hecho cambios en nosotros, los primeros en notar los frutos, inevitablemente, tienen que ser los que tenemos más cerca: nuestras familias.

Para Jacob fue evidente el fruto que había en su hijo, pues se vio beneficiado con éste; por lo cual llamó a José *"Rama Fructífera"*, que fructificó a pesar de los duros ataques recibidos. Jacob vio el fruto del proceso de formación de José, y pudo comprender que tal resultado se debía a la intervención de Dios, quien había fortalecido y ayudado a su hijo para superar cada prueba vivida; y así lo declaró el patriarca en Génesis 49.22-26:

"*Rama fructífera es José,*

Rama fructífera junto a una fuente,

Cuyos vástagos se extienden sobre el muro.

Le causaron amargura,

Le asaetearon,

Y le aborrecieron los arqueros;

Mas su arco se mantuvo poderoso,

Y los brazos de sus manos se fortalecieron

Por las manos del Fuerte de Jacob

(Por el nombre del Pastor, la Roca de Israel),

Por el Dios de tu padre, el cual te ayudará,

Por el Dios Omnipotente, el cual te bendecirá

Con bendiciones de los cielos de arriba,

Con bendiciones del abismo que está abajo,

Con bendiciones de los pechos y del vientre.

Las bendiciones de tu padre

Fueron mayores que las bendiciones de mis progenitores;

Hasta el término de los collados eternos

Serán sobre la cabeza de José,

Y sobre la frente del que fue apartado de entre sus hermanos".

Ahora, aunque nuestra prioridad está en compartir la bendición de Dios con nuestros familiares, Él también quiere que seamos instrumentos al servicio de otros, como los miembros de la congregación a la cual pertenecemos, los compañeros de trabajo, los amigos y todos aquellos que Dios nos puso cerca precisamente para esto, para bendecirles y acercarles a Él.

En este sentido, vemos cómo José sirvió a quienes tenía a su lado, además de su grupo familiar; dirigiéndose fiel y servicialmente frente a sus amos terrenales (Potifar, el carcelero y el Faraón); y haciéndolo también para con aquellos que estaban bajo su mando, usando su autoridad no sólo para darles órdenes, sino también para bendecirlos al enseñarles, con palabra y ejemplo, acerca del Creador y sus obras. De esta manera hizo con su mayordomo, quien no hacía parte del pueblo de Israel pero, como resultado del servicio de José, conocía las maravillas del Dios verdadero; y fue por eso que este mayordomo declaró, frente a los hermanos de su amo, que todo lo que estaba sucediendo en torno a sus vidas era la obra del Creador, como vemos en Génesis 43.23: *"Él les respondió: Paz a vosotros, no temáis;* **vuestro Dios y el Dios de vuestro padre os dio el tesoro en vuestros costales;** *yo recibí vuestro dinero. Y sacó a Simeón a ellos".*

Dios ha mostrado desde siempre su deseo de que seamos bendición para los demás, como lo manifestó a Abraham al decirle que *"en él serían benditas todas las familias de la tierra"* (Génesis 28.14); con lo cual hacía del patriarca un instrumento para servir y bendecir a la humanidad entera.

Al padre de la fe, poco le importó sufrir y recibir el cumplimiento del nacimiento de su hijo Isaac siendo ya anciano, con tal que su descendencia recibiera bendición y aquella tierra prometida en la cual él fuera sólo un extranjero.

Abraham actuó movido por el deseo de bendición para su descendencia según la carne, pero también para bendecir a *"todas las familias de la tierra"*, o sea a sus descendientes según la fe, que serían individuos que no tendrían una relación directa con sus genes, y que él ni siquiera conocería personalmente al estar en este mundo.

Contrario al ejemplo del padre de la fe, encontramos el caso de personas desinteresadas de la bendición de otros, incluso de sus mismos descendientes; tal el caso de Ezequías, rey de Judá, a quien le pareció *"bueno"* que se le anunciara la paz para sus días, aunque su descendencia posteriormente fuera llevada cautiva a Babilonia, como leemos en Isaías 39.6-8:

"He aquí, vienen días en que será llevado a Babilonia todo lo que hay en tu casa, y lo que tus padres han atesorado hasta hoy; ninguna cosa quedará, dice Jehová. **De tus**

hijos que hubieren salido de ti, y que engendraste, tomarán, y serán eunucos en el palacio del rey de Babilonia. Y dijo Ezequías a Isaías: La palabra de Jehová que has hablado, es buena. Y añadió: A lo menos, haya paz y verdad en mis días".

> El propósito de Dios incluye de su parte un deseo intenso de que seamos instrumentos al servicio de la extensión de su reino.

Increíble tanta tranquilidad en el rey de Judá, cuando se le estaba hablando de un futuro trágico, no para unos extraños, sino para sus propios hijos; en lugar de lo cual, se hubiera esperado de Ezequías algo más parecido a la intercesión de Abraham, cuando pidió que no fueran destruidas Sodoma y Gomorra, donde habitaba su sobrino Lot (Génesis 18.16-33).

Necesitamos entender, por tanto, que el propósito de Dios al formarnos incluye de su parte un deseo intenso de que seamos instrumentos al servicio de su reino; llevando su mensaje de bendición y vida a todos aquellos que lo necesitan, sean creyentes o no; y, haciéndolo, no sólo por medio de nuestras palabras, sino también de nuestras acciones, con el ejemplo que entregamos a la humanidad por medio de nuestro diario vivir.

La lucha continúa

Es ya la décima ocasión en que Juan Martín, montado en su coche de bebé, arroja con su mano una pelota de plástico al suelo; y esto a pesar de las múltiples advertencias de su tío y compañero de juego, quien le anuncia que "no recogerá la bola la próxima vez que la deje caer".

Levantar aquel juguete en tantas ocasiones, ha llevado al tío de Juan a comprender que, en adelante, por cada vez que ponga la pelota de vuelta en las manos de su sobrino tendrá que reco-

gerla del suelo en una nueva ocasión.

Para el pequeño, esto se trata de una diversión que lejos está de querer terminar; mientras que para el paciente y ya cansado tío, es un largo y monótono juego, por medio del cual entiende que la paciencia le será indispensable al dar afecto y diversión a su amado sobrino Juan Martín.

> Muy pocos estamos dispuestos a ser pacientes y esperar el tiempo necesario para cosechar luego de haber sembrado.

Pocas cosas nos serán tan útiles y necesarias en la vida como la paciencia, en especial si de ver el cumplimiento de nuestros sueños se trata; porque muchos deseamos obtener grandes cosechas de bienes espirituales y/o materiales, pero muy pocos estamos verdaderamente dispuestos a ser pacientes y esperar el tiempo necesario para cosechar luego de haber sembrado.

Con frecuencia deseamos tener resultados similares a los de las personas que admiramos pero, al escuchar acerca de la paciencia que han tenido ellos para llegar a ser dignos de admiración, muy pocos estamos verdaderamente dispuestos a seguir su ejemplo. Sin embargo, alcanzar algo que en verdad es valioso, normalmente requiere de nuestra parte una alta cuota de paciencia, una lucha continua; especialmente al reencontrarnos con la prueba.

A pesar de haber superado el orgullo, y por tanto haber sido puesto por Dios como gobernador de Egipto, José vio su humildad probada posteriormente y en múltiples ocasiones; por ejemplo, al reencontrarse con sus hermanos, quienes llegaban a tierra egipcia en busca de alimentos luego de que, en su último y trágico encuentro con ellos, José hubiera sido vendido como esclavo.

Después de muchos años, se encontraban nuevamente José y sus hermanos, cara a cara, en una dolorosa escena que probaba de nuevo la humildad de José; aunque en condiciones muy diferentes a las de su encuentro anterior, porque el joven de la túnica de colores había pasado de pedir misericordia a ser aquel a quien se le debía pedir; lo cual, a su vez, requería de su parte el ser más humilde que nunca para rendir su autoridad a la voluntad de Dios (Génesis 42.7: *"Y José, cuando vio a sus hermanos, los conoció; mas hizo como que no los conocía, y les habló ásperamente, y les dijo: ¿De dónde habéis venido? Ellos respondieron: De la tierra de Canaán, para comprar alimentos"*).

> La lucha con aquellas cosas en que Dios nos ha formado es una lucha permanente.

El hijo de Jacob ya había superado el orgullo, gracias al proceso de formación de Dios; pero la lucha con aquellas cosas en que Dios nos forma es una lucha permanente.

Y es que, luego de superar el tiempo de formación, en nuestro caminar encontraremos nuevos retos, situaciones, pruebas; y, algunos de ellos, hasta nos harán pensar, equivocadamente, que en verdad no logramos superar el proceso de formación que ya creíamos haber superado; y, aunque sí lo superamos, este pensamiento contrario nos servirá para comprobar algo esencial: A pesar de las victorias pasadas y presentes ¡LA LUCHA CONTINUA!

José había sido formado en la humildad, pero finalizar el proceso de formación no era en sí la meta final, sino el comienzo a partir del cual el hijo de Jacob podría enfrentar, de manera humilde y durante toda su vida, las situaciones humillantes y exaltantes que le vendrían; sin significar esto que sería fácil o automático, sino que estaría preparado para lograrlo, para decidirse por la voluntad de Dios al ser probado.

> Seremos capaces de superar toda prueba que vivamos.

En medio de las diferentes situaciones que llegan a nuestras vidas, experimentamos muchas emociones, de las cuales algunas carecen de toda bondad; y somos tentados por medio de ellas para actuar mal. Sin embargo, Dios no permite en nosotros una tentación o prueba que finalmente no podamos resistir o superar (1 Corintios 10.13).

En cada prueba que vivamos contaremos en algún momento, si somos pacientes, con la preparación necesaria para controlar lo que sentimos, para alinear nuestras decisiones con la voluntad de Dios. Sin embargo, aclaro, controlar nuestras emociones no se tratará de dejar de manifestar lo que sintamos, sino de manifestarlo de manera adecuada, sin desagradar a Dios.

A pesar de esta gran verdad encontrada en 1 Corintios 10.13, hay personas que, impacientemente, se precipitan y dan rienda suelta a sus emociones, pasando por encima de lo establecido por la Palabra de Dios; y, en algunos casos, aun se jactan argumentando que *"ellas son así, muy sinceras e impulsivas"*, renunciando a luchar contra sus defectos y dejando de lado el dominio propio que les fue dado por el Creador. Lo peor del asunto es que, por este proceder, terminan con consecuencias muy tristes, y graves en ocasiones.

Creer en las victorias del futuro es el deber de nuestra fe, lo que necesitamos para mantenernos en pie de lucha.

Cuando nos decidimos por permanecer alineados con la voluntad del Creador, debemos tener en cuenta que creer en las victorias del pasado es algo que resulta muy fácil; pero creer en lo que está por verse es nuestro reto, el deber de nuestra fe, lo que necesitamos para mantenernos en pie de lucha.

La mayoría de los espías que Moisés envió a explorar la tierra prometida, que se desalentaron a sí mismos y al pueblo, habían luchado para llegar hasta esa instancia de las promesas de Dios, pero se estaban retirando de una lucha que debían continuar para permanecer en la victoria.

En la nueva prueba que enfrentaban, diez de los doce espías estaban creyendo de la palabra de Dios solamente lo que veían materializado, lo que era parte del pasado y del presente, pues confirmaban que era verdad que *"la tierra era buena"*; pero no creían a Dios lo que estaba en el futuro, es decir, la promesa de que *"ellos poseerían esa buena tierra"*; por lo cual hablaron mal de la heredad, y de ellos mismos al tenerse en poco, como vemos en Números 13.25-33:

"Y volvieron de reconocer la tierra al fin de cuarenta días. Y anduvieron y vinieron a Moisés y a Aarón, y a toda la congregación de los hijos de Israel, en el desierto de Parán, en Cades, y dieron la información a ellos y a toda la congregación, y les mostraron el fruto de la tierra. **Y les contaron, diciendo: Nosotros llegamos a la tierra a la cual nos enviaste, la que ciertamente fluye leche y miel; y este es el fruto de ella.** *Mas el pueblo que habita aquella tierra es fuerte, y las ciudades muy grandes y fortificadas; y también vimos allí a los hijos de Anac. Amalec habita el Neguev, y el heteo, el jebuseo y el amorreo habitan en el monte, y el cananeo habita junto al mar, y a la ribera del Jordán.* **Entonces Caleb hizo callar al pueblo delante de Moisés, y dijo: Subamos luego, y tomemos posesión de ella; porque más podremos nosotros que ellos.** *Mas los varones que subieron con él, dijeron: No podremos subir contra aquel pueblo, porque es más fuerte que nosotros. Y hablaron mal entre los hijos de Israel, de la tierra que habían reconocido, diciendo: La tierra por donde pasamos para reconocerla, es tierra que traga a sus moradores; y todo el pueblo que vimos en medio de ella son hombres de grande estatura. También vimos allí gigantes, hijos de Anac, raza de los gigantes, y éramos nosotros, a nuestro parecer, como langostas; y así les parecíamos a ellos".*

> *Seremos en verdad victoriosos si luchamos, alineados con la voluntad de Dios, hasta el fin de esta guerra espiritual llamada Vida.*

Aprobar el proceso de formación que nos da el Creador en algún aspecto de nuestra vida, como fue la humildad en el caso de José, no es nuestra victoria final. Seremos verdaderamente victoriosos si luchamos, alineados con la voluntad de Dios, hasta el final de esta guerra espiritual llamada *Vida*.

Aquel que está a cargo de cumplir las promesas que esperamos en el presente, es el mismo que cumplió las promesas que recibimos en el pasado, por lo cual podemos luchar con confianza... Todo lo que Él promete tiene un cumplimiento seguro, como declara el apóstol Pablo en 2 Corintios 1.20: *"porque todas las promesas de Dios son en él Sí, y en él Amén, por medio de nosotros, para la gloria de Dios"*.

La lucha termina con mi último suspiro

El vehículo se dirige a casa, marchando a velocidad constante, y en su interior el triste y vacío silencio de un padre y sus dos pequeños hijos, que regresan de un corto e inesperado viaje.

Repentinamente, el silencio se ve interrumpido por los niños, que piden parar en un parque de diversiones que han encontrado en el camino; a lo cual papá presenta una cruda respuesta: "Acabamos de enterrar a un ser amado... Ahora no podemos ir a un parque de diversiones".

Los sentimientos del padre están destrozados, porque en este día ha enterrado a uno de sus seres más amados, a uno de sus hermanos, quien murió de manera inesperada en una ciudad vecina a unas cuantas millas de su casa.

Luego de recibir tal respuesta, los chicos regresan al silencio; pero ahora se sienten además avergonzados, por haber sido inoportunos olvidando el dolor de papá.

En verdad, no fue prudente la petición de los chicos, porque se encontraban en un tiempo de luto y dolor; sin embargo, esta situación también nos lleva a pensar que, de manera cruda pero cierta, nuestra vida continúa incluso a pesar de la pérdida de un ser amado, como continuó el deseo de ir al parque de diver-

> *Dios nos da cosas buenas en este mundo, pero el mejor lugar es su presencia.*

siones de aquellos imprudentes pequeños. Sólo nuestro último suspiro significará para nosotros el verdadero final de esta lucha, que a la vez es un regalo hermoso: la vida.

A la edad de ciento diez años murió José; con muchos aniversarios cumplidos, ciertamente, pero sobre todo con el cumplimiento del propósito de Dios en su vida. El tiempo para reposar de todo su esfuerzo había llegado y, junto con éste, también el momento para despedirse de todas aquellas aflicciones que le habían hecho entender que, aunque Dios nos da cosas buenas en este mundo, sin duda el mejor lugar para estar es su presencia (Génesis 50.26: *"Y murió José a la edad de ciento diez años; y lo embalsamaron, y fue puesto en un ataúd en Egipto"*).

Con un galardón tan grande en las manos que a los sufrimientos del pasado restaba importancia, el hijo de Jacob pasaba a dormir un profundo sueño que hasta el día de hoy duerme; un largo descanso, del cual un día la voz del Creador llamará su alma para despertar a un eterno resplandor, en compañía de todos aquellos que mueren viviendo para Cristo Jesús.

Dejaba José la tierra de los vivientes, pero lo hacía luego de haber vivido una vida victoriosa, y de dejar un legado de esperanza para los que hoy nos encontramos en medio del proceso de formación de Dios; un legado que nos enseña que Dios es fiel, y que si hoy sufrimos es porque hay algo bueno que Él está haciendo en nosotros.

> *La bendición que recibe el justo es tan grande, que alcanza para su vida y para su descendencia después de él.*

Caminar con Dios preparó al hijo de Jacob para recoger grandes frutos a lo largo de su vida; pero había más todavía, ya que sus descendientes continuarían cosechando, incluso luego de la muerte de José, de aquello que él había sembrado. Y es que, como declara la Palabra de Dios, la bendición que recibe el justo es tan grande que alcanza para su vida y para su descendencia después de él (Salmos 37.25: *"**Joven fui, y he envejecido, Y no he visto justo desamparado, Ni su descendencia que mendigue pan**"*).

Aquellos valientes que mantienen su confianza puesta en Dios no sólo luchan para sí mismos, sino que traen bendición para quienes tienen a su lado y para su descendencia después de ellos. Esto era algo que el patriarca Jacob tenía muy claro, por lo cual antes de expirar declaró a sus descendientes que *"él moriría, pero Dios estaría con ellos"*, como vemos en Génesis 48.21.

Ciertamente, la actitud que tomemos frente a la vida y frente a la formación de Dios, será determinante en lo que nuestras familias recibirán, incluso cuando nosotros mismos ya no estemos para verlo. José, por su parte, alcanzó prosperidad para él y los suyos; lo cual confirmó Dios por boca de Jacob, quien dio bendición a la descendencia de su hijo (Génesis 48); bendición cuyo cumplimiento se llevó y llevará a cabo aún, porque Dios no ha terminado de bendecir a Israel, aunque esté endurecido por algún tiempo al no reconocer a su Mesías, Jesucristo.

Bendición, esa será la herencia que dejaremos al luchar para que nuestras vidas sean una obra del Creador; como la bendición que José dejó a su descendencia, y que Dios confirmó muchos años más tarde por boca de Moisés, según vemos en Deuteronomio 33.13-17:

"A José dijo:
Bendita de Jehová sea tu tierra,
Con lo mejor de los cielos, con el rocío,
Y con el abismo que está abajo.
Con los más escogidos frutos del sol,
Con el rico producto de la luna,
Con el fruto más fino de los montes antiguos,
Con la abundancia de los collados eternos,

Y con las mejores dádivas de la tierra y su plenitud;
Y la gracia del que habitó en la zarza
Venga sobre la cabeza de José,
Y sobre la frente de aquel que es príncipe entre sus hermanos.
Como el primogénito de su toro es su gloria,
Y sus astas como astas de búfalo;
Con ellas acorneará a los pueblos juntos hasta los fines de la tierra;
Ellos son los diez millares de Efraín,
Y ellos son los millares de Manasés".

> *Dios cuidará de darnos lo mejor y en el mejor momento.*

Con la fe puesta en un Dios que le había demostrado su fidelidad, al formarlo y al exaltarlo, el joven de la túnica de colores reposaba confiado en su lecho de muerte, incluso confiando acerca de promesas cuyo cumplimiento no verían sus ojos.

Y es que, Dios había anunciado a Abraham, entre muchas otras cosas, que Israel sería cautivo y que Él los libertaría posteriormente (Génesis 15.13); y el hijo de Jacob, con plena certidumbre de fe en tal promesa, reposaba e incluso pedía que fueran llevados sus huesos de Egipto cuando llegara el cumplimiento de aquella palabra; lo cual se menciona para testimonio a nosotros en Hebreos 11.22: *"Por la fe José, al morir, mencionó la salida de los hijos de Israel, y dio mandamiento acerca de sus huesos".*

Una vez más, gracias a su experiencia personal, José sabía que su confianza no sería defraudada; y definitivamente no lo fue, como podemos ver en Josué 24.32: *"Y enterraron en Siquem los huesos de José, que los hijos de Israel habían traído de Egipto, en la parte del campo que Jacob compró de los hijos de Hamor padre de Siquem, por cien piezas de dinero; y fue posesión de los hijos de José".*

Los huesos de José reposaron por muchos años en Egipto, a la espera del cumplimiento de la promesa de un Dios fiel, que les llevaría a un mejor lugar; un Dios que, aunque a veces parezca tardar *indiferente*, siempre espera el mejor momento, el que más nos conviene, para actuar; porque en Dios siempre encontraremos para nosotros un mejor tiempo que el pensado, un mejor plan que el soñado y, de hecho, un mejor lugar para estar que aquel en que hoy estamos. Porque hay un lugar, uno mejor, preparado por Dios para los que le amamos como Padre, aún en medio de la corrección y el dolor; un lugar donde el verbo *sufrir* en tiempo presente y futuro es imposible conjugar.

> *El eterno hogar del Padre nos espera.*

La tierra egipcia había sido un lugar de bendición para José y los suyos, es verdad, pero esa no era su morada final; de la misma manera que el mundo no lo es para nosotros...

El eterno hogar del Padre nos espera...

El hogar que la aflicción de este mundo nos enseñará a más valorar y anhelar; de gozo y paz interminables, carente de toda prueba y dificultad; el lugar del cual Dios nos habló por medio del apóstol Juan en Apocalipsis 21.3-4, ese es nuestro verdadero hogar:

"Y oí una gran voz del cielo que decía: He aquí el tabernáculo de Dios con los hombres, y él morará con ellos; y ellos serán su pueblo, y Dios mismo estará con ellos como su Dios. Enjugará Dios toda lágrima de los ojos de ellos; y ya no habrá muerte, ni habrá más llanto, ni clamor, ni dolor; porque las primeras cosas pasaron".

Nuestra llegada a la casa del Padre; ese es el principal objetivo de Dios al formarnos, aunque eventualmente le cueste nuestro descontento e incomprensión; porque, un día, a pesar de pruebas y victorias, sin duda nuestro último suspiro de humanidad llegará.

Debemos luchar y confiar en Dios hasta el final, hasta nuestro último suspiro, porque no hacerlo significa evitar el cumplimiento de muchas bendiciones que nos esperan, y hasta renunciar a la vida eterna que Dios nos ofrece. Él, como el mejor de los padres, cuidará de darnos lo mejor y en el mejor momento, aunque nuestros sueños hoy se vean lejanos y esquivos; y la bendición que recibiremos al soportar el proceso de formación de Dios será tan grande que alcanzará a muchos, incluso a algunos cuyo tiempo de vida no coincidirá con el nuestro; porque, luego de nuestro último suspiro, la fidelidad del Padre continuará de nuestro lado.

Es verdad que ahora somos formados en medio del dolor, pero este no es un tiempo de derrota, por el contrario es un tiempo que nos acerca cada vez más a la victoria preparada para nosotros en el corazón de Dios.

> *Los buenos padres suelen ser incomprendidos por sus hijos y por quienes los rodean.*

Dios me ha enseñado el verdadero y profundo significado de las palabras *Papá* y *Mamá*, y ha puesto a algunos de los mejores padres del mundo cerca de mí. Tengo el privilegio de que dos de ellos sean los míos. Los he visto. Suelen ser incomprendidos por sus hijos, e incluso por quienes los rodean; pero en sus corazones de padres prevalece el amor que les lleva a formar y a corregir, para cumplir un buen propósito, incluso a pesar de la debilidad que se asoma en ellos al ver el sufrimiento de quienes un día salieron de sus entrañas.

Dios es nuestro Padre y, sin embargo, nos cuesta comprenderlo así cuando somos disciplinados por Él. Entendemos que un buen padre forma y corrige a su hijo; pero, extrañamente, cuando Dios lo hace con nosotros, le desconocemos y hasta pensamos en retirar de Él nuestra confianza.

Llamamos *"Padre"* a Dios y, aunque no entendemos completamente el sentido de lo que decimos, Él continúa siendo el mejor de los padres, y como tal actúa. Nada supera la fuerza de su amor por nosotros, ni siquiera ver nuestro sufrimiento; es por eso que hoy sufrimos, es por eso que algo está haciendo Dios.

Hebreos 12.11-13: *"Es verdad que ninguna disciplina al presente parece ser causa de gozo, sino de tristeza; pero después da fruto apacible de justicia a los que en ella han sido ejercitados. Por lo cual, levantad las manos caídas y las rodillas paralizadas; y haced sendas derechas para vuestros pies, para que lo cojo no se salga del camino, sino que sea sanado".*

LISTA DE REPRODUCCIÓN

Quiero compartir con ustedes algunas canciones que considero estrechamente relacionadas con *Hoy sufro pero algo está haciendo Dios*, por su mensaje y por la compañía que me dieron por muchos días al escribir. Muchos días, sí, de los cuales algunos fueron alegres y otros, no tanto; días algunos en que era el escritor de un libro sobre el propósito de Dios al permitir que suframos, y días otros en que era sólo alguien que necesitaba leer aquello que había escrito. Creo que si estas canciones fueron una buena compañía al escribir, lo serán también al leer…

Track 01: Hosanna — Hillsong United

Track 02: Con todo — Hillsong United

Track 03: Busco — Alex Campos

Track 04: Te puedo sentir — Alex Campos

Track 05: Jesús — Jesús Adrián Romero feat. Marcos Vidal

Track 06: Canción del desierto — Hillsong United

Track 07: En la cruz — Hillsong United

Track 08: No me soltarás — Rojo

Track 09: Mi confianza está en ti — Coalo Zamorano

Track 10: Requiem for a Tower — Escala

Track 11: Musicalización "Hoy sufro" — César Méndez

ACERCA DEL AUTOR

Juan Diego Llanos es colombiano y reside en la capital de su país. Nació en Tuluá en el año 1.977, es el tercero de cinco hijos y es cristiano desde 1.999. Actualmente escribe en su blog personal acerca de problemáticas cristianas, combinando reflexión y humor.

Hay quienes dicen que J. D. Llanos *"escribe cosas extrañas"* porque presenta la fe cristiana en una manera fresca y jovial, la cual hace que sus escritos tengan cada vez más acogida en el medio cristiano.

Hoy sufro pero algo está haciendo Dios es su primer libro, y es la forma en que le dice al mundo que detrás del sufrimiento se esconden una gran batalla por librar y una gran victoria que debemos alcanzar.

Información de contacto:

www.juandiegollanos.com

www.facebook.com/juandiegollanosescritor

www.twitter.com/LlanosJuanDiego

www.ingramcontent.com/pod-product-compliance
Lightning Source LLC
Chambersburg PA
CBHW020001050426
42450CB00005B/273